El Manual de Bitcoin

Conceptos Clave en Economía, Tecnología y Psicología

ISBN: 978-9916-749-04-3 (Tapa dura)

         978-9916-749-05-0 (Tapa blanda)

         978-9916-749-06-7 (Ebook)

Konsensus Network: https://konsensus.network
Editor: info@konsensus.network
Autor: anilsaidso@pm.me

A mis hijos,

Que conserven legítimamente el fruto
de su trabajo sin impedimento.

"Anil tiene una gran habilidad para condensar ideas complejas en forma visual, lo que facilita su asimilación al lector común".

Vijay Boyapati

Autor, The Bullish Case for Bitcoin

"Las ilustraciones de Anil son impresionantemente bellas y un testimonio de su profundo conocimiento del tema. Es un placer verlas recopiladas en un libro".

Gigi

Autor, 21 Lessons & 21 Ways
Fundador, Einundzwanzig

"Me encanta. Lo pondré como referencia en mi estantería. El diseño gráfico es fenomenal. Expone de forma clara y limpia el pensamiento de primeros principios sobre ideas complejas, haciéndolas comprensibles."

Preston Pysh

Cofundador, The Investor's Podcast Network

"Para mí, El Manual de Bitcoin es especial. No sólo resume magníficamente numerosos conceptos críticos, sino que también demuestra que el autor tiene una profunda conexión con la comunidad bitcoin."

Tuur Demeester

Editor en Jefe en Adamant Research

Anil Patel

@anilsaidso

CONTENIDO

NOTA DEL TRADUCTOR

El español es la lengua nativa de 600 millones de personas en el mundo y el idioma prevalente en numerosas naciones jóvenes con democracias débiles, gobiernos corruptos, inestabilidad monetaria, devaluación galopante, e inflación desbordada. Es en esta Hispanoamérica mestiza donde se percibe con mayor relevancia el potencial de la fuerza transformadora y liberadora de bitcoin; una innovadora moneda digital, que con su naturaleza descentralizada y tecnología revolucionaria, tiene la responsabilidad futura de cambiar el panorama económico y social de nuestra Hispanoamérica.

En este manual práctico, Anil Patel nos muestra cómo interpretar desde los principios fundamentales este nuevo modelo monetario y explorar la manera en que la adopción de bitcoin beneficia a la humanidad, y en particular a nuestra región, brindando un destello de esperanza en medio de los desafíos que enfrentamos como países emergentes. Desde empoderar a las personas promoviendo la soberanía financiera, hasta fomentar la transparencia y la equidad en nuestras estructuras sociales,

el modelo disruptivo de Bitcoin tiene la capacidad de liberar, generar nuevas oportunidades y catalizar la resiliencia económica de los pueblos en Iberia y América Latina.

Espero disfrutes y aprendas con este manual de Bitcoin en español, y con la difusión de sus conceptos, acompañes la revolución de bitcoin entre nuestros hermanos hispanoparlantes.

GABRIEL AMOROCHO

Puede sonar egoísta, pero no escribí este libro para ti.

Lo escribí para mí.

Bitcoin es multifacético y multidisciplinario. Comprenderlo exige pensar en los principios fundamentales.

Me propuse adquirir el entendimiento más amplio posible sobre la tecnología monetaria y las redes de comunicación que mi inteligencia me permitiera, con el fin de traducirlo en un único recurso.

El proceso me obligó a investigar, seleccionar y sintetizar vastas cantidades de información. Se llenaron muchas libretas, y gran parte de lo recopilado quedó en el proverbial piso de la sala de edición. Me obsesioné con la brevedad, eliminando todo lo no esencial para poder ver el panorama general.

El resultado es un libro de referencia que es conciso, atemporal y defendible. Aunque se puede leer de un tirón, espero que te detengas a reflexionar sobre el material, relacionándolo con experiencias particulares de tu vida. Así es como se consolida el entendimiento.

Si la tabla de contenido parece abrumadora, ten la seguridad de que este libro está libre de jerga y complejidad innecesaria (como autor no tengo interés en parecer inteligente).

Cuando se aplican en conjunto, esta colección específica de conceptos te servirá mejor a ti (y a mí) para navegar un mundo en un cambio cada vez más acelerado a manos de la tecnología.

Buena suerte.

Nada de lo contenido en este libro debe interpretarse como consejo financiero, fiscal o legal.

Nuestro marco de referencia guía nuestros pensamientos, palabras y acciones, conformando nuestra realidad. Puede que no nos demos cuenta, pero controlamos nuestro marco de pensamiento en la medida en que sólo nosotros podemos cambiarlo. Cada una de nuestras vidas es un reflejo (con un desfase temporal) de esos pensamientos, creencias y acciones. Nuestra sociedad está formada por una realidad compartida de ellas. Esto es lo que crea el hermoso, impredecible y a menudo caótico mosaico de la vida.

Frecuentemente, nuestro marco de pensamiento no alcanza los resultados deseados. En lugar de mirar con ojos críticos nuestro propio marco, la mayoría de las veces recurrimos a quienes nos refuerzan nuestras propias creencias, y rara vez descubrimos la magia de lo que puede haber por fuera de nuestro marco de referencia.

Si el marco de referencia en cuestión fuera un sistema económico subyacente a las demás propiedades emergentes de nuestra realidad compartida y de cada persona que la habita, sería a lo menos desconcertante, sobre todo si este marco pudiera estar equivocado. Un problema sistémico no puede ser resuelto por el sistema que lo crea y, sin embargo, probablemente lo pasaremos por alto si lo medimos a través de ese mismo sistema.

Esta es la madriguera de Bitcoin, una red emergente completamente descentralizada y segura que se encuentra por fuera del sistema existente. Para los más abiertos y curiosos, un camino casi interminable de aprendizaje a través de la economía, la teoría de juegos, la energía, la física, la tecnología, la teoría de sistemas, la filosofía, y la psicología. Y al final de la madriguera, la convicción de su creciente legión de creyentes de por qué es tan importante para la humanidad. A su vez, explica por qué es tan polarizante para otros que aún no han emprendido este viaje.

Diferentes marcos de pensamiento en el mundo compiten por ideas, palabras y acciones. El marco de referencia actual de cómo está organizado el mundo está arraigado en la coerción, el control y la escasez. Y un nuevo marco está construido en la red emergente que es Bitcoin: basado en la verdad, la esperanza y la abundancia.

Te debes a ti mismo la exploración con una mente abierta para determinar si estás en el marco de pensamiento correcto.

PARTE I:
Economía

ESCASEZ

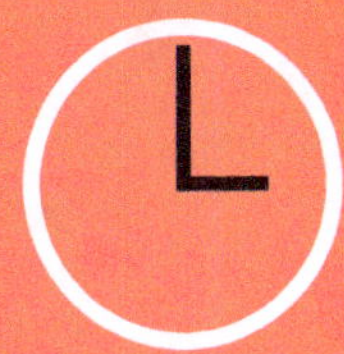

Cómo se asignan y buscan los recursos limitados.

Los recursos escasos incitan la competencia por su posesión, reflejada a través del precio en un libre mercado. Muchas cosas que antes eran escasas ahora son abundantes gracias a la innovación (por ejemplo, calorías, textiles, información, etc..).

Un producto puede volverse cada vez más escaso si la demanda como un insumo industrial aumenta más rápido que la producción de nueva oferta. Por el contrario, el dinero suele ser elegido por el mercado como la cosa más líquida y vendible cuyo valor está defendido por su escasez inherente.

La propiedad de la escasez en el dinero proporciona el incentivo para crear abundancia en otras cosas, ya que proporciona un mecanismo para almacenar valor de manera confiable.

Bitcoin representa la invención de la escasez digital en el sentido de que nunca hemos tenido una unidad digital irreproducible y verificable de forma independiente. Su oferta terminal fija, reforzada por un novedoso proceso de consenso descentralizado, la hace absolutamente escasa. Y no hay nivel de escasez más allá de la escasez absoluta.

"La primera lección de la economía es la escasez: nunca hay suficiente cantidad de algo para satisfacer a todos los que lo desean. La primera lección de la política es ignorar la primera lección de la economía".

-THOMAS SOWELL

ESCASEZ

 PRIMA MONETARIA

El valor adicional que tienen los bienes por su capacidad para cumplir con las funciones del dinero además de otros usos.

Cuando se viola la propiedad de la escasez del dinero, su capacidad para almacenar valor de manera confiable comienza a desmoronarse.

Hasta que una nueva forma de dinero surja, otros activos y recursos escasos llenan temporalmente este vacío en el mercado, atrayendo una prima monetaria.

"Cuando la moneda dominante se enferma de forma terminal, presenciamos la monetización a corto plazo de todo lo demás".

-TUUR DEMEESTER

Eventualmente, estas primas monetarias se agotan cuando llega una forma superior de dinero (poseyendo propiedades monetarias más deseables).

VIJAY BOYAPATI 

"Una característica común a todos los bienes monetarios es que su poder adquisitivo es mayor de lo que puede justificarse solo con su valor utilitario. De hecho, muchas monedas históricas no tenían ningún valor utilitario en absoluto. La diferencia entre el poder adquisitivo de un bien monetario y el valor de intercambio que podría obtener por su utilidad inherente puede pensarse como una 'prima monetaria'."

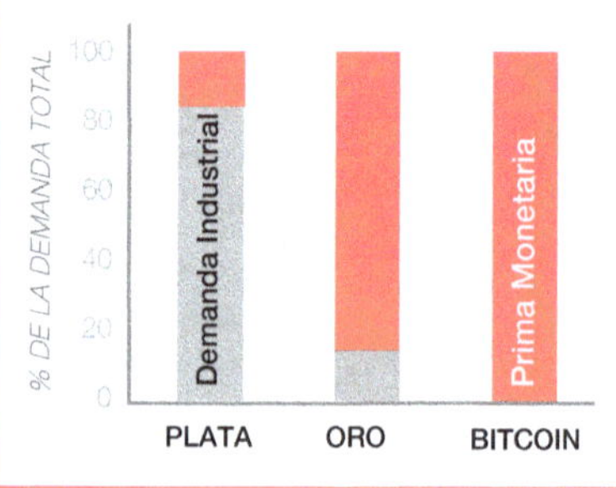

Fuente: 'El caso alcista de Bitcoin' por Vijay Boyapati.

LEY DE GRESHAM

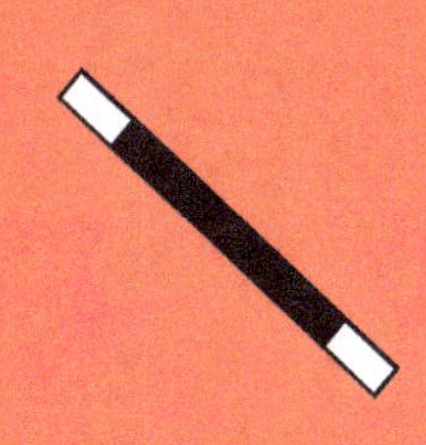

La Ley de Gresham explica cómo las personas se comportan racionalmente cuando el valor combinado de un dinero mercancía cae por debajo del valor nominal, mientras circulan entre versiones de una pureza más alta, gastando el primero y ahorrando el segundo.

"La consistencia, estabilidad y alta calidad han sido los atributos de las grandes monedas que han ganado la competencia para ser utilizadas como dinero internacional."

-ROBERT MUNDELL

Mientras servía a la Reina Isabel I, Gresham hizo la distinción entre el dinero 'bueno' y 'malo' en un momento en que los metales preciosos circulaban como moneda en Gran Bretaña bajo Enrique VIII. Observó que la calidad decreciente de las nuevas monedas (menor contenido de metal precioso) resultaba en que se guardaran las monedas antiguas de mayor pureza.

Una disminución en la pureza de la acuñación de monedas previsiblemente resultaría en niveles decrecientes de confianza en el emisor.

LEY DE GRESHAM

Si bien este concepto se originó en relación con el dinero mercancía físico, la Ley de Gresham puede aplicarse a un patrón fíat donde ocurre un deterioro del poder adquisitivo a través de la inflación de la oferta.

Con bitcoin ahora proporcionando una unidad monetaria competitiva, con mayor confianza en la preservación de la riqueza a largo plazo, está surgiendo una tendencia natural de ahorrar en bitcoin y gastar las reservas restantes de dinero fíat.

"Por sí misma, la afirmación general de que 'el buen dinero reemplaza al malo' es una mejor proposición empírica. Históricamente, han sido las monedas buenas y fuertes las que han desplazado a las monedas malas y débiles. Los florines, ducados y escudos de las ciudades-estado italianas no se convirtieron en los 'dólares de la Edad Media' porque fueran malas monedas".

–ROBERT MUNDELL

CONCEPTO RELACIONADO ## LA LEY DE THIERS

En ausencia de leyes de curso legal, el dinero en el que no se puede confiar para preservar su valor será rechazado a favor de formas superiores.

¿Qué pasaría si, en lugar de desaparecer de circulación, el dinero de mayor calidad demandara una prima, o el dinero de menor calidad fuera rechazado por completo por los comerciantes?

La Ley de Thiers asume que las leyes de curso legal que intentan imponer el uso de dinero deteriorado, a un valor denominado fijo, serán ignoradas en un umbral determinado.

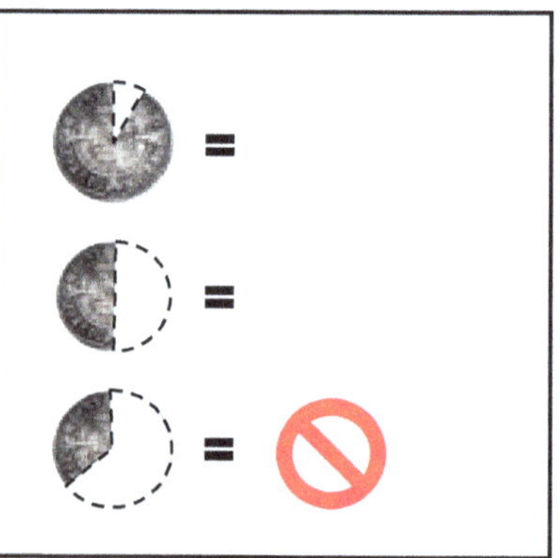

EFECTO CANTILLON

Preocupado por el camino que el dinero recién acuñado recorre al ingresar a la economía, Cantillon postuló que los receptores iniciales disfrutan de niveles de vida más altos a expensas de los receptores posteriores. Esto se debe a sus preferencias únicas de gasto, que causa un aumento desproporcionado en los precios (inflación relativa) entre los bienes en una economía.

Aunque Cantillon escribió en el contexto del dinero mercancía (oro y plata), su punto tiene aún mayor relevancia en la era del dinero fíat. La impresión de dinero ilimitada, combinada con bajas tasas de interés impuestas, ha visto previsiblemente cómo los precios de los activos se disparan, beneficiando a los propietarios pero también a aquellos con mayor acceso al crédito.

"Sin importar quién obtenga el nuevo dinero... será más o menos dirigido a ciertos tipos de mercancías o productos, de acuerdo al criterio de aquellos que adquieren el dinero. Los precios de mercado aumentarán más para ciertos bienes que para otros."

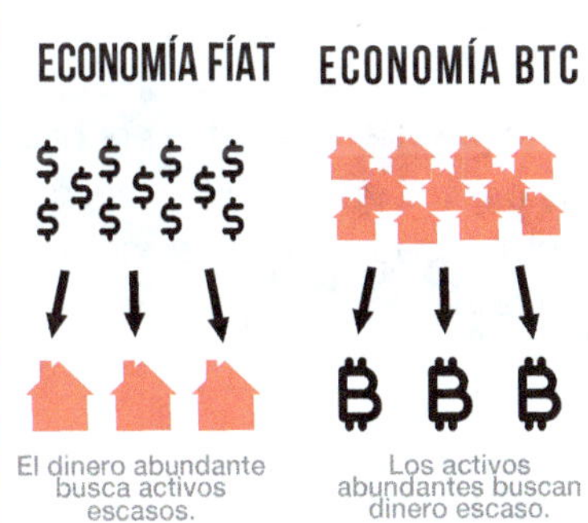

EFECTO CANTILLON

Bitcoin ofrece un antídoto con su oferta de dinero perfectamente inelástica. El poder adquisitivo no puede ser reducido mediante la dilución, y la falta de una autoridad emisora central significa que no hay nadie a quien presionar o cooptar.

> *"La producción de dinero redistribuye el ingreso real de los propietarios posteriores a los propietarios anteriores del nuevo dinero."*

—JÖRG GUIDO HÜLSMANN

Un sistema monetario fíat con metas arbitrarias de inflación de precios también va en contra de la naturaleza deflacionaria de la tecnología, privando a la sociedad de las ganancias logradas gracias a la eficiencia. Una vez que se entiende esta verdad, el uso de la moneda fiduciaria como reserva de valor deja de ser una opción viable a largo plazo. Podemos observar una migración pequeña pero constante de usuarios de moneda fíat que optan por bitcoin a medida que la confianza en los planificadores centrales se sigue erosionando.

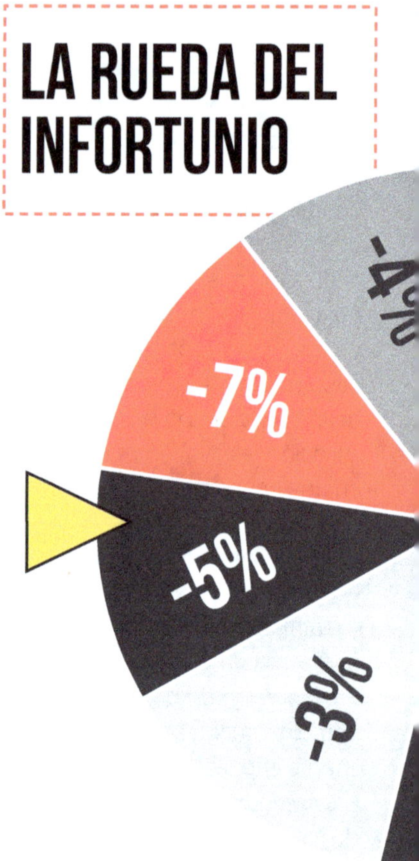

PUNTO DE SCHELLING

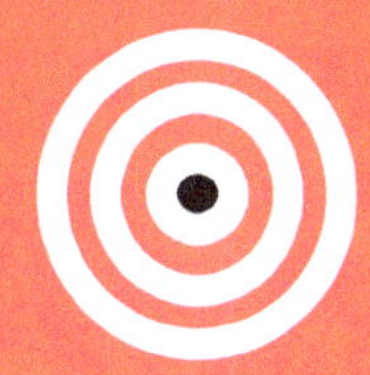

La solución que las personas eligen por defecto en ausencia de comunicación.

En juegos cooperativos multijugador, el éxito depende de tu capacidad para anticipar las decisiones de los demás. La elección incorrecta puede derivar en una consecuencia indeseada o la pérdida de algún beneficio.

Cómo nos comunicamos con los demás sigue una lógica similar, ya que la comunicación es un gran juego cooperativo multijugador con otros en la misma red. Estandarizar protocolos para la comunicación (por ejemplo, correo electrónico, lenguaje hablado, dinero, etc.) nos permite interactuar de manera más eficiente con una gama amplia de participantes con la menor fricción posible. Esto trae muchos beneficios obvios, como un aumento en el comercio, el intercambio de conocimientos y la innovación.

"El dinero facilita la escalabilidad social al aumentar las oportunidades para... el intercambio."

-NICK SZABO

En el ámbito digital (en ausencia de leyes de curso legal), la convergencia ocurrirá hacia el dinero que comunica de manera más precisa los precios, permitiendo una mejor coordinación entre los participantes del mercado. Esta se convierte en la opción por defecto (punto de Schelling) con el tiempo, a medida que crece la expectativa de que otros también la elijan.

"Las personas están influyendo en otras personas y adaptándose a otras personas. Lo que hacen las personas afecta lo que hacen otras personas."

PUNTO DE SCHELLING

Bitcoin es un protocolo para intercambiar valor que tiene una ventaja crucial sobre el sistema fíat: cuenta con un suministro finito. Las monedas fíat tienden a disminuir su poder adquisitivo con el tiempo debido a los incentivos del emisor para degradarlas con emisión infinita. Entretanto, bitcoin lleva una década en su continuo aumento de poder adquisitivo en términos reales.

Al combinar esto con la inmutabilidad del registro contable y los beneficios ofrecidos por la red (es decir, ausencia de permisos, global e indestructible), bitcoin naturalmente se convierte en un punto de Schelling monetario.

$$\sum_{i=0}^{32} 210{,}000 \; \frac{50}{2^{i}}$$

COSTO DE OPORTUNIDAD

Cada decisión financiera es un compromiso con tu yo del futuro. Bitcoin deja esto en claro de manera abundante en el largo plazo. Como un método superior para el almacenamiento de valor a largo plazo (es decir, ahorro), bitcoin ha establecido un nuevo punto de referencia para las decisiones de inversión.

"Cuando el dinero es escaso y puede apreciarse, es probable que las personas sean muy exigentes con sus decisiones de gasto, ya que el costo de oportunidad aumenta con el tiempo".

-SAIFEDEAN AMMOUS

Si bien los rendimientos anualizados de bitcoin en la última década han sido llamativos, solo han sido aprovechados por los tenedores que han renunciado a usar ese capital para otras necesidades u oportunidades como resultado de la convicción derivada del pensamiento de primeros principios.

"Ahorrar dinero en nuestra sociedad inflacionaria producto de la teoría monetaria moderna simplemente no es una opción. Todos están obligados a invertir o se ven obligados a ver cómo sus ahorros se desvanecen".

-MORGEN ROCHARD

A medida que el diseño pernicioso del sistema fíat continúa trasladando la carga de la preservación de la riqueza al individuo, las decisiones financieras sólidas nunca han tenido una mayor importancia.

CONCEPTO RELACIONADO

PREFERENCIA TEMPORAL

El grado en que alguien valora el presente en relación con el futuro.

El horizonte temporal en el que operamos afecta las decisiones que tomamos. El grado en que valoramos el presente en relación con el futuro se conoce como preferencia temporal.

"Porque los humanos no viven eternamente... siempre hay un descuento del futuro comparado con el presente."

—SAIFEDEAN AMMOUS

Optimizar a corto plazo puede equivaler a participar en juegos de suma cero buscando gratificación instantánea, mientras que optimizar a largo plazo puede llevar a postergar el consumo presente para invertir recursos en actividades más productivas para algún beneficio esperado en el futuro.

Varios factores influyen en la preferencia temporal: seguridad personal, tasas impositivas, derechos de propiedad, la capacidad para almacenar valor de manera confiable, etc.

La dureza del dinero a lo largo del tiempo desempeña un papel vital para permitir e incentivar a las personas (y empresas) a ahorrar, planificar e invertir para el futuro. En una economía fíat de alta velocidad, el acceso al crédito es crucial, ya que el crecimiento a corto plazo se privilegia sobre la rentabilidad a largo plazo.

Es importante anotar que la preferencia temporal no es una elección binaria sino un espectro fluido. Los incentivos de tu entorno influyen en tus acciones, y tu entorno está en constante evolución.

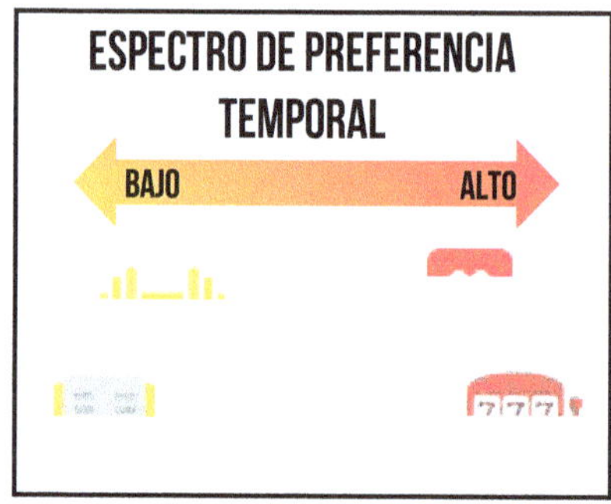

LA TRINIDAD IMPOSIBLE

Una nación soberana no puede simultáneamente tener flujos de capital libres, política monetaria independiente y un tipo de cambio fijo.

La trinidad Imposible (también conocido como Trilema de Mundell-Fleming) es un recordatorio contundente para los planificadores centrales sobre los compromisos en el establecimiento de políticas monetarias internacionales. Afirma que las naciones soberanas sólo pueden perseguir dos de las siguientes tres opciones:

- Tipos de Cambio Fijos
- Flujos de Capital Libres
- Política Monetaria Independiente

Si bien las naciones soberanas pueden desear controlar y dirigir los flujos de capital, no existen en aislamiento. El capital es cada vez más móvil y acudirá donde sea mejor tratado. El modelo de Mundell (1963) asume la movilidad perfecta del capital (aunque puramente teórica en ese momento) ya que era la dirección general que veía que el mundo estaba tomando.

"El clima económico internacional ha cambiado en dirección a la integración financiera y esto tiene importantes implicaciones para la política económica."

Hoy en día, bitcoin está arrojando nueva luz sobre esta teoría. Como una tecnología verdaderamente transfronteriza e inmutable para almacenar y transferir valor, bitcoin es capital perfectamente móvil. Esto altera fundamentalmente la lógica y el poder de las naciones soberanas para dirigir la política monetaria internacional.

LA TRINIDAD IMPOSIBLE

"Las paridades cambiarias siempre se rompen. Los mercados libres siempre ganan eventualmente. Solo es cuestión de cuándo."

—CAITLIN LONG

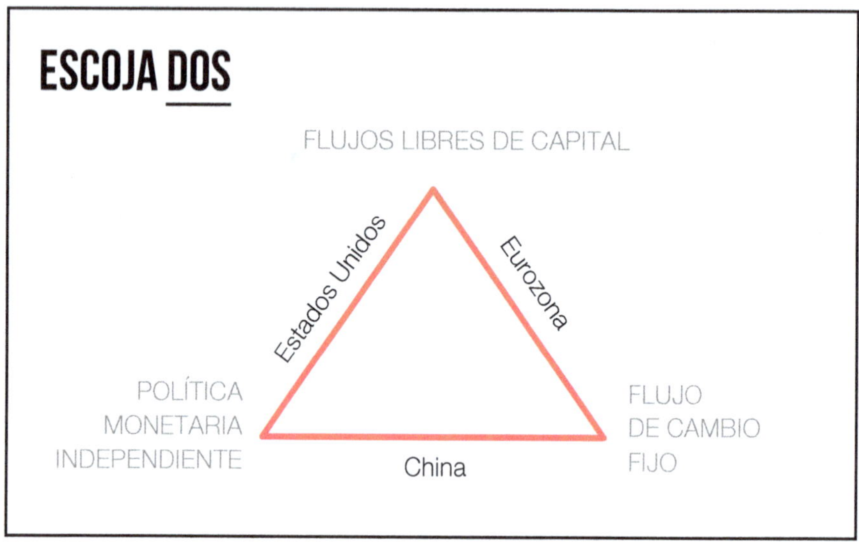

LA PARADOJA DE JEVONS

Cuando un recurso escaso se vuelve más abundante, podemos esperar consumir más de él debido a la disminución de costos. Esto puede provenir del descubrimiento de nuevos depósitos o métodos de extracción, pero también puede provenir del incremento de la eficiencia con la que se consume un recurso (obtener más del mismo insumo).

Los avances en eficiencia de consumo tienen el mismo efecto que aumentar la abundancia: la demanda del recurso crece. Esta es la paradoja de Jevons en pocas palabras. En ningún lugar este concepto es más evidente que en el contexto de los recursos energéticos.

A finales del siglo XVIII, el público inglés creía que los depósitos de carbón eran limitados y se estaban agotando más rápido de lo que podían reponerse. Pero, las limitaciones fomentan la innovación, y la máquina de vapor de James Watt pronto expandió drásticamente el papel del carbón como insumo energético.

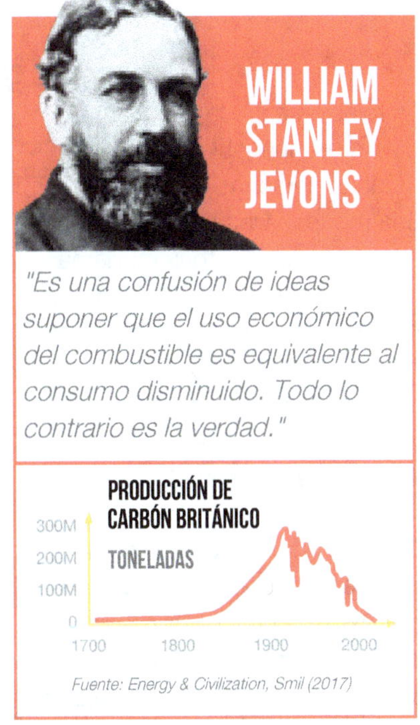

Fuente: Energy & Civilization, Smil (2017)

William Jevons señaló las probables repercusiones de la máquina de vapor de Watt en el aumento de la demanda de carbón. Él demostró estar en lo correcto en las décadas siguientes cuando el carbón se volvió indispensable en la fabricación, el transporte e incluso la minería.

LA PARADOJA DE JEVONS

La relación entre la energía y el dinero es innegable e inevitable. Muchas personas han propuesto una moneda vinculada a la energía a lo largo de la historia moderna como un método para eliminar el control centralizado y la amenaza moral de la ecuación. Sin embargo, nadie pudo diseñar o implementarla con éxito. Hasta que llega Satoshi Nakamoto.

El mecanismo de consenso de la prueba de trabajo de bitcoin proporciona un incentivo económico para aprovechar los recursos energéticos de la manera más eficiente posible, según lo determine el individuo que haya asumido el costo de adquisición.

Si bien el uso de la energía por parte de bitcoin como mecanismo de seguridad a menudo es blanco de críticas, gran parte del argumento se reduce a la premisa de que toda la energía disponible en el mundo es conocida, limitada o finita. Esto asume que los humanos son incapaces de innovar para aumentar la energía generada a partir de una fuente de combustible, lo cual, como sabemos, es falso.

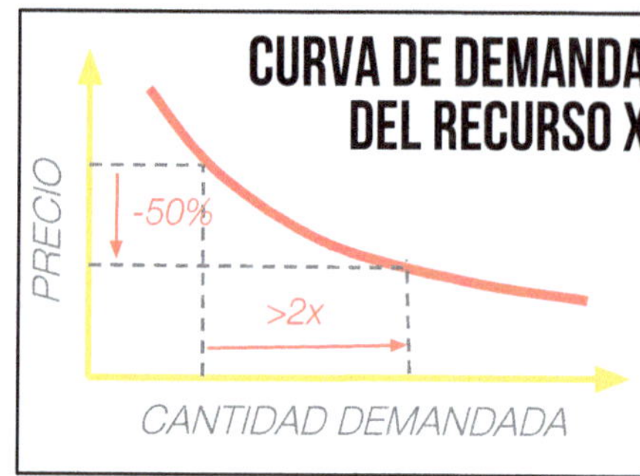

LEYES DE PODER

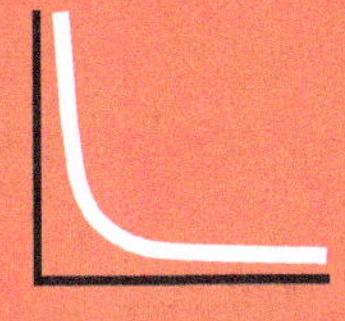

Las leyes potenciales pueden ayudar a explicar la correlación en ciertas relaciones no lineales y se pueden encontrar en diversos campos, desde la lingüística hasta la biología y la astronomía. La idea básica es que pequeños cambios en una cosa resultan en cambios grandes en la otra a una tasa consistente.

En economía, las leyes potenciales a menudo se representan gráficamente como distribuciones de probabilidad. Uno de los ejemplos más conocidos es el principio de Pareto (también conocido como la regla del 80/20), donde ~80% de los resultados se pueden atribuir al 20% de las causas. Aplicar este principio a un mercado nos da un escenario donde el 20% de los productores obtienen el 80% de la participación en el mercado, lo que resulta en una larga cola.

Distribuciones similares (aunque no estrictamente leyes potenciales) se pueden observar en varios aspectos de bitcoin: los grupos de minería atraen poder de *hash*, las ventas de billeteras de hardware entre fabricantes, la distribución de bitcoin en todas las direcciones, etc.

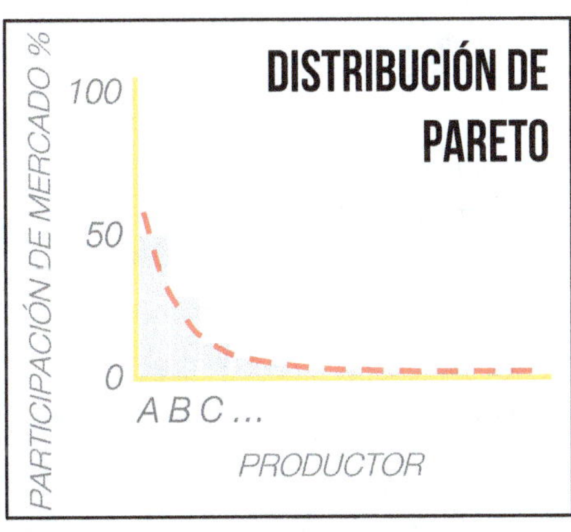

CONCEPTO RELACIONADO ## EFECTOS "GANADOR SE LO LLEVA TODO"

Una propiedad de ciertos mercados donde pequeñas ventajas sobre los competidores resultan en capturar toda o la mayor parte del mercado.

Ciertos mercados son competencias de todo o nada, donde solo la oferta más útil es requerida. En estas situaciones, pequeñas ventajas en desempeño o valor entregado pueden resultar en la captura de todo el pastel.

"El dinero es una red. Algunas redes son singulares, es decir, el ganador se lo lleva todo. El dinero es una de esas redes."

-GIGI

Esto ocurre particularmente cuando la convergencia hacia un estándar común ofrece a los usuarios el mayor beneficio, estimulando los efectos de red (ver punto de Schelling).

Los seres humanos naturalmente gravitan hacia una única moneda común en una región en un libre mercado porque nos brinda la mejor elección entre un mayor número de socios comerciales a la mayor liquidez. La unanimidad favorece nuestro propio interés.

"En última instancia, los sistemas monetarios convergen en un medio porque su utilidad es la liquidez... y la liquidez se consolida alrededor del almacén de valor más seguro y duradero".

-PARKER LEWIS

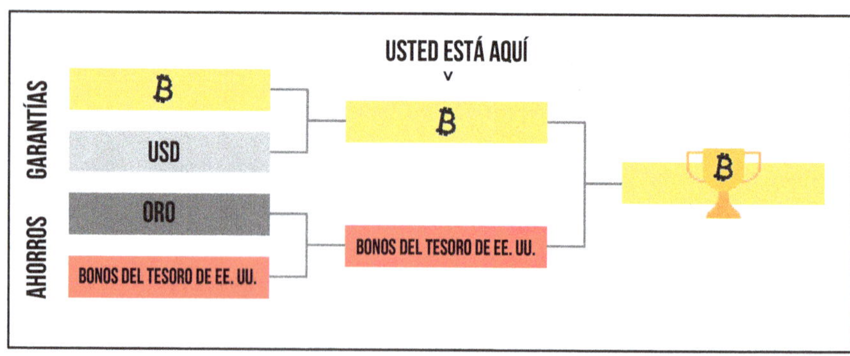

SESGO DE UNIDAD

El razonamiento erróneo de que una sola unidad debe ser la cantidad apropiada para hacer evaluaciones y comparaciones.

Evaluar el bitcoin contra otros resguardos de valor basándose únicamente en el precio por unidad es ilógico, ya que no tiene en cuenta la capitalización total del mercado (unidades totales * precio unitario).

Gran parte de esta confusión nace del desconocimiento de la divisibilidad actual del bitcoin, hasta ocho decimales (y 11 en la red Lightning). Como se sabe, se puede comprar una fracción de un bitcoin.

En la realidad, este nivel de granularidad contribuye a hacerlo tanto deseable como práctico como dinero digital.

"El deseo de poseer una unidad completa de una criptomoneda lleva a muchos inversores a creer erróneamente que las criptomonedas competidoras son más asequibles porque las unidades individuales de esas monedas tienen un precio más bajo".

-VIJAY BOYAPATI

La innovación disruptiva de Satoshi Nakamoto de la escasez digital significa que los poseedores son dueños indefinidamente de una participación no diluida en un suministro finito. Esto no se puede decir de ningún otro bien resguardo de valor.

Visto desde esta perspectiva, el bitcoin representa solo una gota en el balde cuando se enfrenta a activos comparables y resguardos de riqueza.

> **1.00000000 BITCOIN**
> =
> **100,000,000 SATOSHIS**
> =
> **100,000,000,000 MILISATOSHIS** 

BIEN DE VEBLEN

Tipos de bienes donde la cantidad demandada aumenta a medida que el precio aumenta.

Cuando los ingresos de una persona aumentan, puede gastar más en bienes. Los tipos de bienes que suelen experimentar una mayor demanda con el aumento de los salarios (por ejemplo, restaurantes, electrónica, vacaciones, etc.) se conocen como bienes normales.

Por el contrario, los bienes de Veblen son una anomalía económica en la que la demanda aumenta a medida que el precio aumenta. Esta categoría se usa comúnmente para describir la psicología del comportamiento en torno a algunos bienes de lujo, donde el productor restringe artificialmente la oferta para crear escasez.

Si bien parte de la demanda futura de bitcoin puede derivar de su papel como símbolo de estatus, la fuente predominante probablemente vendrá de su escasez absoluta como reserva de valor. A medida que aumenta la demanda de bitcoin, el precio sube, creando mayor liquidez. A medida que la liquidez se amplía, esta permite la participación de actores más grandes en el mercado.

"La demanda de bitcoin aumenta a medida que el precio aumenta. ¿Por qué? Porque la liquidez es un efecto de red y en el caso de bitcoin no hay un aumento compensatorio en la oferta".

-PIERRE ROCHARD

MALINVERSIÓN

Las señales distorsionadas de precios causan una mala asignación de capital hacia usos menos productivos que si se hicieran en un libre mercado.

Las decisiones a largo plazo inherentemente implican un grado de incertidumbre. Por lo tanto, todas las decisiones de inversión tomadas hoy requieren hacer suposiciones sobre el futuro. Esto puede ser una tarea difícil cuando las fuerzas del mercado están distorsionadas y/o suprimidas. Es como tratar de usar una brújula cuando tu punto de referencia está cambiando.

En un sentido más práctico, podemos observar el fenómeno de las empresas zombis (empresas incapaces de cumplir con los pagos de intereses sobre deudas existentes). Su supervivencia depende de poder refinanciarse continuamente a tasas cada vez más bajas o de pedir prestamos adicionales. Por lo tanto, son efectivamente muertos vivientes.

"El gobierno se ve privado de un sistema de precios libre y de criterios de pérdidas y ganancias, y solo puede avanzar 'invirtiendo' torpemente a ciegas sin poder invertir adecuadamente en los temas correctos, los productos adecuados, o los lugares correctos. Se construirá un hermoso metro, pero no habrá ruedas disponibles para los trenes; o una represa gigante, pero no habrá cobre para las líneas de transmisión."

Fuente: Datastream Worldscope; Banerjee & Hoffman (BIS, 2020)

RETRIBUCIÓN ASIMÉTRICA

La desproporción en las ganancias de algunas inversiones, en comparación con su probabilidad de caer.

Al tomar una decisión de inversión, calculamos las probabilidades del rango de posibles resultados. En algunos casos, los resultados pueden no ser lineales, lo que significa que el valor de la inversión cambia de tal manera que puede aumentar proporcionalmente más que disminuir.

Actualmente, bitcoin se comporta como las opciones bursátiles, donde los resultados más probables son binarios: tiene éxito o no. En este sentido, el riesgo de caer está limitado a cero (en caso de experimentar un evento catastrófico). Al mismo tiempo, su potencial de ganancias es de muchos más órdenes de magnitud (el mercado total de bitcoin como la principal reserva global de riqueza).

La asimetría en la retribución sólo puede surgir como resultado de la asimetría en la información. Si todos entendieran correctamente el bitcoin, ya estaría completamente monetizado. Hoy en día, gran parte del mundo aún no se ha dado cuenta de la superioridad de las propiedades monetarias de bitcoin, y hasta entonces, el potencial de ganancias seguirá siendo función de la demanda creciente que se enfrenta a una oferta inelástica.

"Podemos debatir si bitcoin será o no un gran acontecimiento en el futuro. Pero no creo que podamos debatir que, si lo es, tendrá una enorme asíntota hacia la derecha."

-ROSS STEVENS

MATRIZ DE ANSOFF

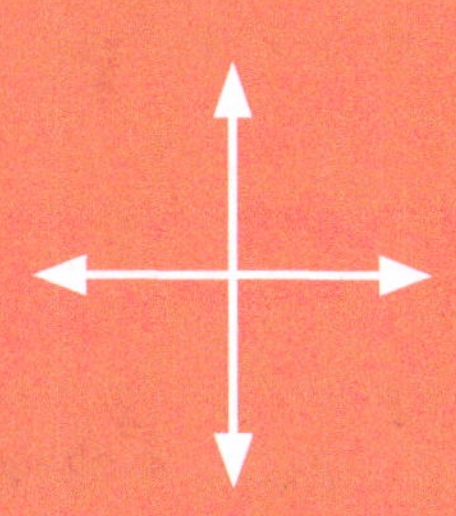

Un marco estratégico para oportunidades de crecimiento de un producto a través de líneas y mercados.

El potencial de crecimiento de bitcoin y su mercado total se aclara cuando se piensa en él como un producto (moneda dura, nativa digital) que sirve simultáneamente a múltiples mercados. El marco de Ansoff es una guía útil para este ejercicio. Describe cuatro estrategias alternativas de crecimiento para una organización en relación con el desarrollo de un producto y/o mercado:

"Al buscar oportunidades que se ajusten a sus fortalezas, la empresa puede optimizar los efectos sinérgicos."

1. Penetración de mercado: aumento de la adopción/ saturación de un producto existente en un mercado existente.

2. Desarrollo de productos: lanzamiento de un nuevo producto en un mercado existente.

3. Desarrollo de mercado: llevar un producto existente a un nuevo mercado.

4. Diversificación: lanzamiento de un nuevo producto en un nuevo mercado.

MATRIZ DE ANSOFF

Bitcoin ofrece tecnología de ahorro a escala y la red Lightning ofrece tecnología de pagos para realizar transacciones con bitcoin a gran escala.

Uno protege principalmente tu riqueza de la expropiación, dilución y censura (compitiendo con bancos centrales y redes de conciliación de transacciones). El otro te permite enviar y recibir micropagos de bitcoin en cualquier parte del mundo sin requisitos de verificación (compitiendo con proveedores de remesas, procesadores de pagos y dinero en efectivo fíat físico).

Que la moneda dura sea productizada bajo la marca reconocible "bitcoin", es quizás uno de los aspectos más infravalorados de la curva de adopción. Bitcoin no solo tiene espacio para crecer en términos de saturación (horizontal) global, sino también en la ponderación de la asignación (vertical) en las billeteras existentes tanto de individuos como de empresas.

Si bien el interés en la riqueza resistente a la inflación puede ser un impulsor clave del crecimiento hoy, no debemos subestimar los nuevos casos de uso y fuentes de demanda para esta herramienta en el futuro.

"Bitcoin permite novedosos casos de uso financieros que antes no eran posibles. Esto aumenta el tamaño de la torta económica, generando riqueza para la sociedad."

-BRANDON QUITTEM

PARTE II:
Tecnología y Sistemas

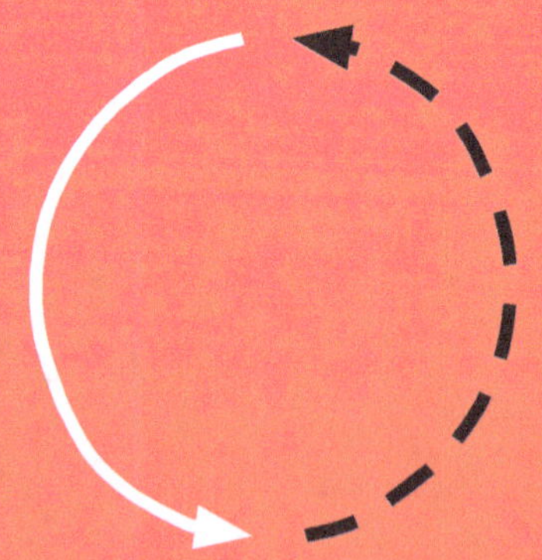

ÓRDENES DE MAGNITUD

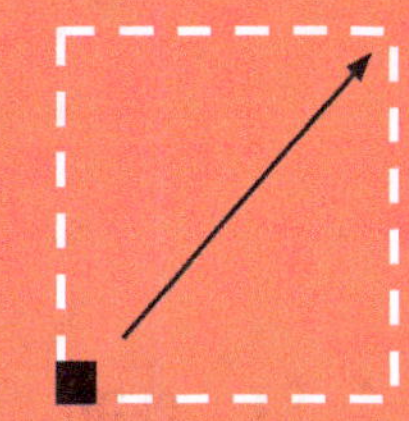

Representar números en una forma compacta de múltiplos de diez para hacer comparaciones más intuitivas.

Los órdenes de magnitud son una escala útil de medición al analizar la trayectoria de tecnologías y tendencias fundamentalmente disruptivas. Pensar en términos lineales no captura adecuadamente la naturaleza del crecimiento exponencial, que a menudo ocurre en etapas (ver el ciclo de boom de Gartner), representado como una serie de curvas tipo S.

También podemos usar esta herramienta para examinar el precio unitario de bitcoin a lo largo del tiempo (una medida de la demanda de bitcoin). Usar la escala logarítmica para ver el cambio relativo, en lugar de la escala lineal (cambios absolutos), nos permite observar una tendencia exponencial notable a largo plazo.

Esto indica que un cambio permanente en la tecnología monetaria está en marcha.

"A medida que la adopción de una red monetaria aumenta en un orden de magnitud (10x), las posibles conexiones de red aumentan en dos órdenes de magnitud (100x)".

-PARKER LEWIS

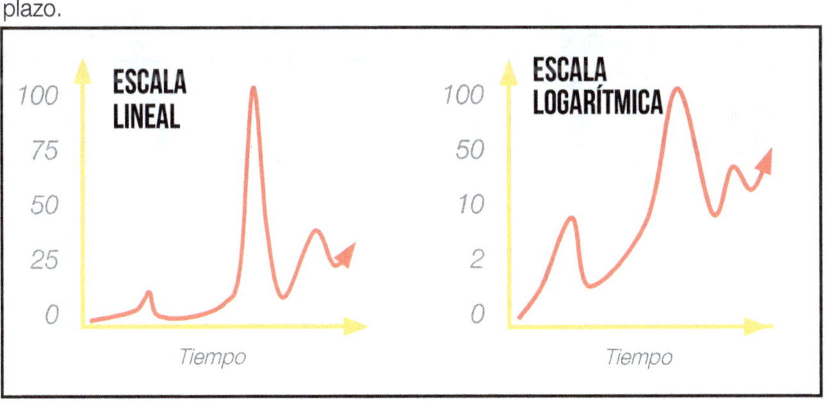

ÓRDENES DE MAGNITUD

REGLA DE MEJORAS 10X

Las nuevas tecnologías deben ofrecer un beneficio diez veces superior a un predecesor o sustitutos para lograr la adopción generalizada.

Acuñado por Peter Thiel en "De Cero a Uno" (2014), esta heurística sugiere que una nueva tecnología debe ser "al menos diez veces mejor" que los sustitutos al satisfacer alguna necesidad para ganar la tracción necesaria para desplazar a los incumbentes.

Bitcoin ofrece varias ventajas significativas de 10x sobre la transacción en el sistema financiero tradicional y los métodos actuales de preservación de la riqueza:

- accesibilidad (24/7/365)
- finalidad de la transacción
- costos de almacenamiento, mantenimiento y transporte
- resistencia a la censura
- verificabilidad independiente
- redundancia de red

Cuando se combina con la opción de usar la red Lightning para transacciones de menor valor y mayor frecuencia, bitcoin rompe la asumida relación de costo beneficio para un instrumento monetario.

Solo con fines ilustrativos

EFECTOS DE RED

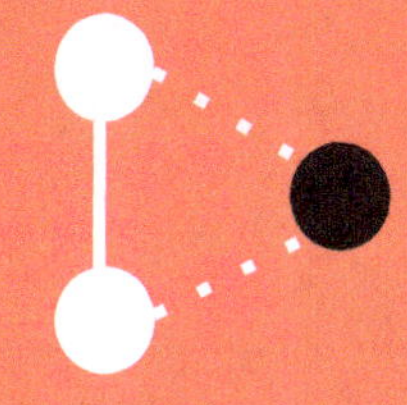

Un fenómeno por el cual cada usuario adicional en una red agrega de manera desproporcionada más valor y utilidad.

Las redes son el vehículo de transporte para carga, personas e información del punto A al punto B. Los métodos que ofrecen ventajas significativas (es decir, velocidad, costo, accesibilidad, confiabilidad, precisión) atraen usuarios, lo que hace que la red sea más interesante para otros usuarios.

Las redes digitales que son superiores en una o varias de estas dimensiones pueden experimentar un rápido crecimiento exponencial debido a los efectos de red (también conocido como Ley de Metcalfe) ya que pueden operar a escala global, creando así un único mercado.

"En la teoría de redes, el valor de un sistema crece aproximadamente al cuadrado del número de usuarios del sistema."

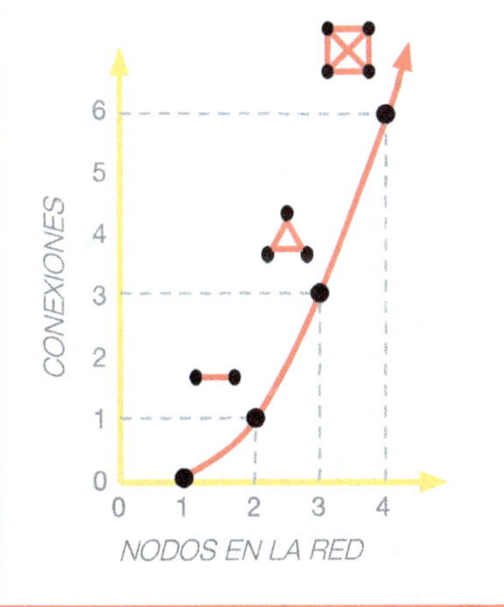

"Creo que nuestra biología evolutiva nos predispone a subestimar consistentemente el poder de los modernos efectos de red tecnológicos, ya que nada en nuestra historia se les parece."

-ROSS STEVENS

EFECTOS DE RED

Actualmente la red de bitcoin está compuesta por miles de nodos (ejecutando un software específico) e infraestructura de minería (computando trillones o 10^{18} operaciones por segundo) en todo el mundo.

Utilizar esta red para transferir valor ofrece el beneficio de un intercambio "sin restricción" y resistente a la censura, con la garantía de una conciliación final en una unidad que no puede ser diluida. Es una mejora asombrosa sobre el sistema incumbente.

MICHAEL SAYLOR

"Nunca ha habido un ejemplo de una red digital monstruosa de $100 mil millones de dólares que haya sido destruida cuando alcanza esa posición dominante. Bitcoin es LA red monetaria".

 CHURN (ABANDONO)

La tasa de deserción de usuarios, a menudo expresada como un porcentaje.

La rotación (churn) se relaciona con la tasa de deserción de usuarios. El concepto es útil para establecer si una tecnología en particular está en una trayectoria de crecimiento (adopción > deserción).

Una forma de medir la adopción de bitcoin es observando los flujos netos de capital del sistema fíat hacia bitcoin. Lo más notable es que a menudo es una mejora monetaria sostenida, con pocos usuarios de bitcoin volviendo al fíat como su principal resguardo de valor.

Las propiedades superiores de bitcoin son difíciles de pasar por alto una vez se entienden conceptualmente. Bitcoin ha reavivado la competencia monetaria para almacenar y transar valor. Esta tasa de adopción neta tiene implicaciones reales para un activo con una oferta terminal fija.

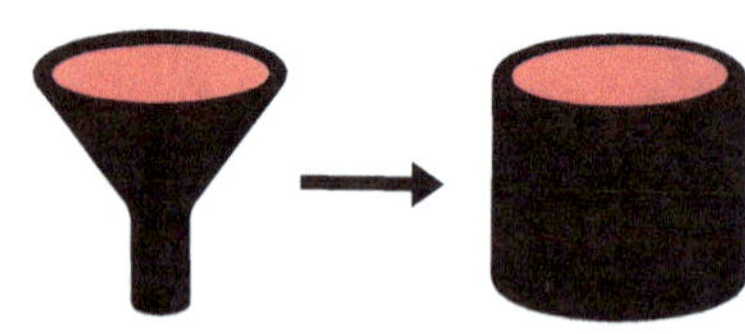

FRICCIÓN

Una fuerza que se opone al movimiento relativo de algo.

La fricción dentro de un proceso o sistema aumenta la cantidad de energía necesaria para superarla. Piensa en los semáforos colocados en una intersección con mucho tráfico. El objetivo es aumentar la fricción hacia los vehículos para que las colisiones sean menos probables. Otro ejemplo es la banca comercial, que introduce (o no elimina) fricción para cobrar tarifas, aumentar el control, y reducir el fraude.

Hoy, transportar valor a través del sistema financiero tradicional está muy arraigado en la era industrial. Aunque la mayor parte del valor puede ser digital, se aplican las mismas demoras y riesgos de fragmentación, cargas regulatorias y censura.

"Todo lo que se mueve tiene que hacerlo a través de algo, incluida la información."

-FARNAM STREET

Bitcoin fue construido con el propósito de ser dinero digital nativo, lo que permite transacciones entre pares. La fricción en la conciliación se reduce al reemplazar terceros y restricciones con incentivos económicos transparentes (la prueba de trabajo) y verificación auditable independiente. El resultado es un sistema con mayor libertad de expresión, costos de transacción más bajos, mayor velocidad en la conciliación final, más innovación, y amplitud en accesibilidad.

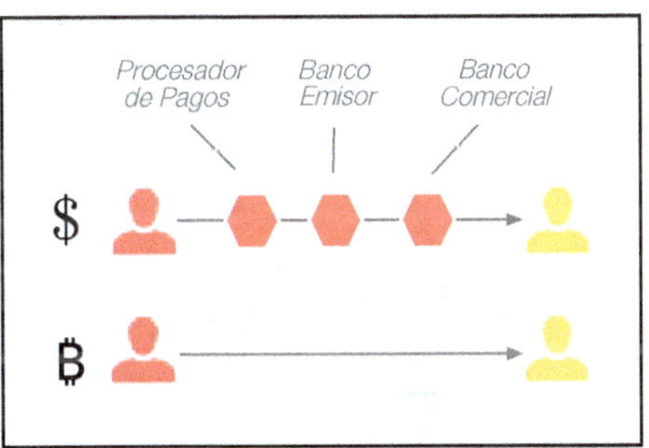

FRICCIÓN

El protocolo de bitcoin convirtió el dinero en información pura, permitiéndole aprovechar las redes y métodos de comunicación más apropiados. Como tal, bitcoin seguirá beneficiándose de la innovación colectiva en telecomunicaciones y tecnología de la información.

"Antes del navegador, alguien miraba a TCP/IP y decía: ¡oh Dios mío, esto mueve información desde cualquier sitio a cualquier otro sitio en tiempo real y gratis! Va a cambiar la información para siempre. Bueno, espera. OK. sí, pero no ahora. No hasta dentro de 20 años. Lo mismo ocurre con bitcoin."

—WENCES CASARES

ROBERT BREEDLOVE 

"En computación, un protocolo es un conjunto de reglas que gobiernan la transmisión de datos. Internet es una integración de cuatro capas sucesivas de protocolos de código abierto. En este contexto, bitcoin puede considerarse la quinta capa del conjunto de protocolos de Internet."

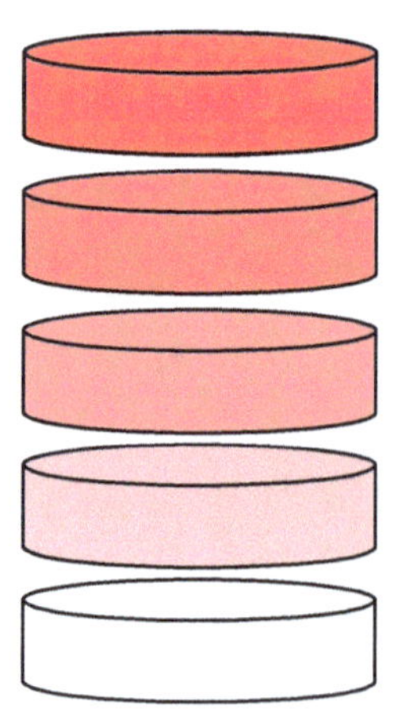

RETORNOS ACELERADOS

El cambio tecnológico se acelera a medida que los humanos continúan innovando sobre un arsenal cada vez mayor de tecnologías existentes.

En las últimas dos décadas, hemos presenciado cambios sustanciales en el comportamiento humano en áreas como el comercio, el entretenimiento, el transporte, los servicios de alimentos, y las telecomunicaciones. El dinero, como tecnología, no es inmune a estos cambios radicales.

La transición de un marco monetario a otro no es algo que muchos humanos hayan presenciado en su vida (ver Relatividad). La idea de que pueda suceder en tu periodo de vida parece poco probable. Admitir que somos malos predictores del cambio tecnológico es la mejor forma para estar con la apertura mental necesaria para capitalizar estos cambios cuando realmente se presentan.

"Un análisis de la historia de la tecnología muestra que el cambio tecnológico es exponencial... no experimentaremos 100 años de progreso en el siglo XXI, será más bien como 20,000 años de progreso (al ritmo actual)".

"Cuando se trata de historia, pensamos en líneas rectas. [Pero] para pensar correctamente en el futuro, necesitas imaginar que las cosas se mueven a una velocidad mucho mayor de lo que se mueven ahora".

-TIM URBAN

EFECTOS DE ORDEN SUPERIOR

Como una tecnología y red monetaria verdaderamente innovadora, bitcoin altera fundamental y permanentemente nuestro mundo. La gente reacciona ante ello, y habrá reacciones a esas reacciones. A medida que bitcoin crezca, tanto en términos de adopción como de valor almacenado, también lo hará la magnitud de estas reacciones. Aún así, muchos de los efectos secundarios derivados de la creación de bitcoin siguen siendo desconocidos e inconcebibles

"Cambiar algún aspecto de un sistema complejo siempre introduce efectos de segundo orden, algunos de los cuales pueden ser contraproducentes para la intención original del cambio. Los elementos.. pueden estar interrelacionados o depender unos de otros de millones de maneras diferentes."

-JOSH KAUFMAN

JEFF BOOTH

"Muchas personas observan los efectos de primer orden, pensando en el corto plazo. Por el contrario, no dedicar tiempo a considerar los efectos de segundo y tercer orden de las acciones, lleva a depositar demasiada confianza en un sistema que, en última instancia, fallará."

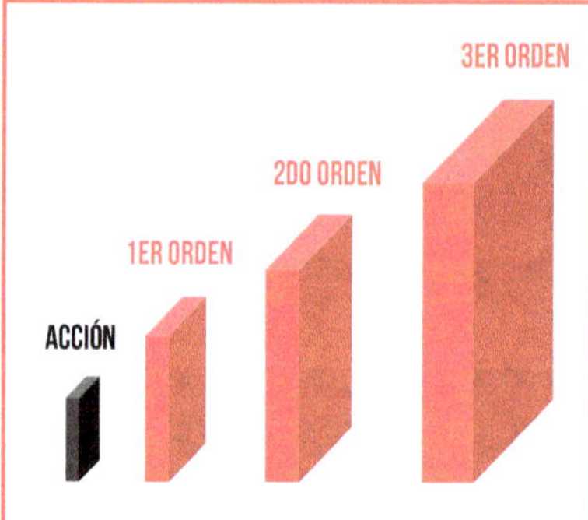

DESTRUCCIÓN CREATIVA

La innovación es el proceso de combinar herramientas y recursos existentes en algo completamente nuevo que sea útil para la sociedad. La innovación altera continuamente los incentivos que rigen nuestro comportamiento, lo que desplaza a los incumbentes y a los modelos de negocio existentes construidos para preservar el status quo.

Tales avances pueden provenir de cualquier campo práctico (por ejemplo, la ingeniería química, el transporte de carga, la tecnología de la información, etc.) y resultar en un cambio fundamental en la forma en que se organiza la sociedad.

Las industrias con protecciones monopolísticas y altas barreras de entrada impuestas artificialmente, eventualmente sucumben a la destrucción creativa a un ritmo más rápido debido a la prolongada falta de inversión en investigación y desarrollo.

"El proceso de mutación industrial que revoluciona continuamente la estructura económica desde dentro, destruyendo incansablemente lo viejo e incansablemente creando lo nuevo."

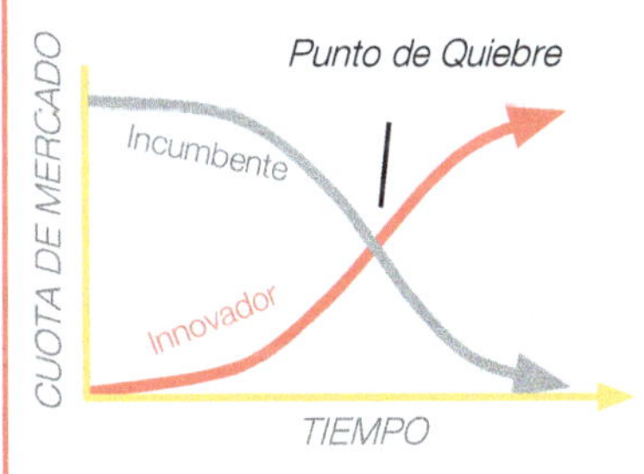

DESTRUCCIÓN CREATIVA

Así como el teléfono inteligente volvió obsoletos una serie de bienes (por ejemplo, periódicos, directorios telefónicos, relojes despertadores, etc.), bitcoin está desmaterializando los métodos físicos de resguardo de valor, gracias a la creación de un activo digital global y fehacientemente escaso.

"Nunca cambias las cosas luchando contra la realidad existente. Para cambiar algo, construye un nuevo modelo que vuelva obsoleto al modelo existente."

-BUCKMINSTER FULLER

Cuando se combina con la red Lightning, bitcoin es disruptivo para el sistema de banca central, las monedas soberanas, y las redes de conciliación global al ofrecer una alternativa paralela abierta, libre de barreras y protecciones.

"Si la historia se va a repetir, cada vez que un sucesor digital ha reemplazado a un predecesor análogo, [este] ha superado al predecesor análogo por amplia diferencia"

-ERIC WEISS

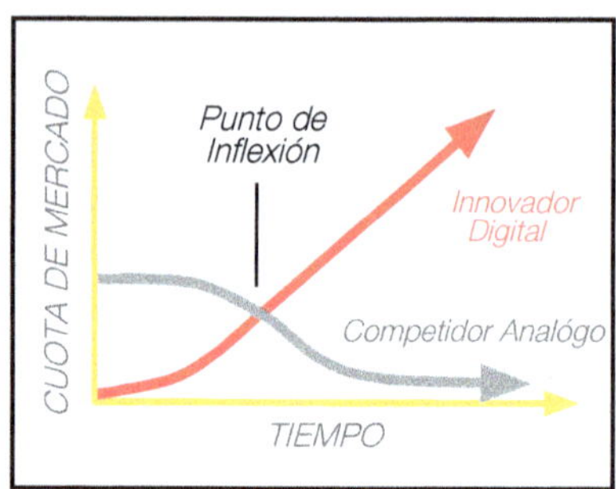

CICLOS DE RETROALIMENTACIÓN

Cuando un sistema reacciona a su entorno y el resultado resultante se incorpora como entrada, se establece un ciclo de retroalimentación.

El sistema de dinero fíat es un intento de planificar y gestionar centralmente a través de un comité lo que debiera ser un sistema adaptativo que emerge naturalmente. Cada vez que ocurre un resultado económico 'indeseable', esta retroalimentación se utiliza para justificar los ajustes, que luego se incorporan al diseño del sistema. Además de introducir sesgos personales desconocidos y riesgos morales en las decisiones, el proceso es completamente manual y sujeto a cambios.

Con el tiempo, estos ajustes se acumulan, causando frecuentes contracciones y volatilidad creciente. Parecido a un automóvil al que repetidamente se le cambia la dirección; eventualmente, se pierde todo control.

Contrasta esto con un sistema monetario cuyo suministro no depende de la retroalimentación económica externa. Bitcoin simplemente funciona como ha sido establecido en su código de acceso público, generando confianza en su operación continua.

Cualquier retroalimentación solo puede reflejarse a través de cambios en la demanda, reforzados en múltiples ciclos de retroalimentación a través de variables como la tasa de *hash*, el precio y el grado de adopción.

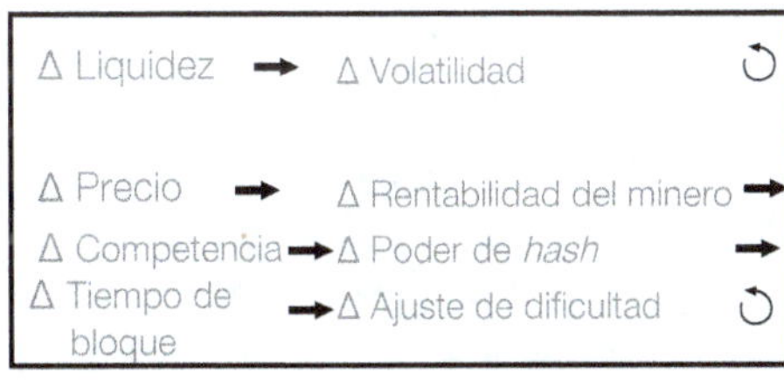

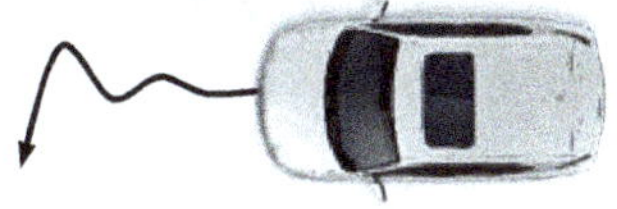

CICLOS DE RETROALIMENTACIÓN

"La economía de mercado es un motor diseñado para buscar los usos más eficientes del capital al recompensar los emprendimientos exitosos y castigar los fracasados. Un sistema monetario sólido (como bitcoin) mejora este motor económico al ajustar el mecanismo de retroalimentación."

-BRANDON QUITTEM

CONCEPTO RELACIONADO ## REFLEXIVIDAD

La relación circular entre los participantes del mercado y el sentimiento que dificulta determinar sus respectivos impactos.

Los participantes del mercado y el sentimiento que mantienen pueden crear un ciclo reflexivo, donde las creencias sobre el futuro pueden desviarse significativamente (positiva o negativamente) de los fundamentos económicos o promedios históricos.

Las reacciones exageradas en los mercados son el resultado de varios factores que se acumulan:

- Los participantes tienen información incompleta o inexacta.

- Los participantes están sujetos a diversos sesgos.

- El sentimiento puede ser manipulado o influenciado por diversos intereses.

El camino de la monetización de bitcoin ha estado marcado por varios ciclos de subida y caída de precios. En esta etapa temprana de maduración, es probable que bitcoin continúe actuando reflexivamente durante algún tiempo.

GEORGE SOROS

"El concepto de reflexividad es crucial para entender situaciones que tienen participantes pensantes. La reflexividad hace que la comprensión de los participantes sea imperfecta y asegura que sus acciones tengan consecuencias no deseadas".

RELATIVIDAD

La relatividad, en un sentido general, implica que la existencia de algo depende de algún otro elemento para tener significado o contexto.

Este concepto se considera útil en el contexto del dinero porque nos recuerda que múltiples formas monetarias han existido previamente y coexisten hoy en día. La comparación nos permite determinar qué características generan productividad y cuáles invitan a la degradación.

También debemos examinar lo que históricamente ha elegido el mercado como dinero y por qué. Desde conchas marinas y sal hasta bronce y oro, las formas primitivas y metálicas de dinero requerían algún tipo de gasto energético para ser recolectadas o extraídas (ver Termodinámica) como un mecanismo natural para protegerse contra un exceso en la oferta o ventajas fraudulentas.

En perspectiva, se hace evidente que estamos viviendo un experimento monetario anormal que obstaculiza nuestra capacidad para ahorrar, planificar y comerciar. En más de 5,000 años de historia monetaria registrada, la moneda fíat emitida por los gobiernos sólo ha existido durante los últimos cincuenta años.

VIJAY BOYAPATI

"El siglo entre el patrón oro y el patrón bitcoin, lo llamo el "interregno" fíat. Es una anomalía histórica y no durará para siempre".

PRIMERA LEY DE LA TERMODINÁMICA

La energía no puede ser creada ni destruida en sistemas aislados. Sólo puede ser transformada.

Para explicar la relación entre la termodinámica y bitcoin, comencemos por entender las materias primas. Como categoría de bienes económicos, las materias primas poseen la propiedad de fungibilidad, de modo que el mercado no diferencia quién las produjo.

Todas las materias primas (metales, agrícolas, energéticas) requieren alguna forma de conversión de energía en su extracción o cultivo. Ya sea ganado consumiendo alimento o una excavadora quemando diésel, no hay un sustituto para este proceso. Bitcoin representa la primera mercancía digital que ancla su emisión a la energía consumida (para el procesamiento computacional) en el mundo físico.

"No hay atajos para estos cálculos, por eso la física inherente en el procesamiento computacional, el proceso físico de cambiar bits, está incorporada en la información que se produce".

-GIGI

Sin embargo, a diferencia de otras materias primas, la tasa de emisión de bitcoin está predeterminada y no se ve afectada por las fluctuaciones en la cantidad de energía utilizada en su producción. Este atributo es la base fundamental del atractivo de bitcoin como dinero. La emisión es meritocrática, mientras que la oferta es conocida, verificable y reforzada en el procesamiento.

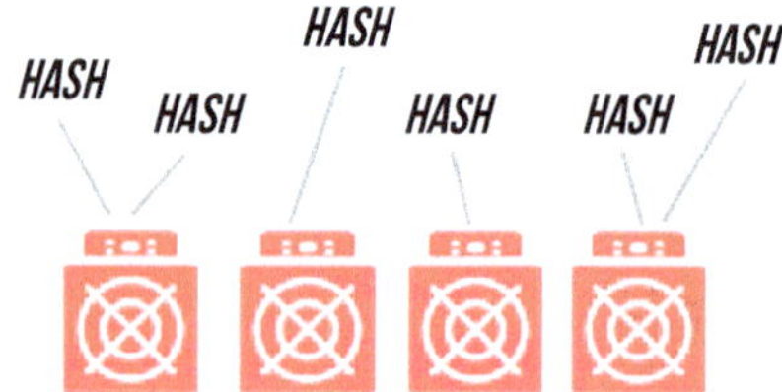

Los mineros gastan capacidad de procesamiento (convirtiendo electricidad en *hashes* y disipando calor) en la búsqueda de un número aleatorio conocido como *nonce*. Cuando se combina con los datos de la transacción, el *hash* resultante puede permitir a los mineros cobrar una recompensa si cumple los parámetros actuales.

Este proceso aumenta las garantías de liquidación de las transacciones ya confirmadas al incrementar el costo de alterar el historial.

Incurrir en costos de recursos en el mundo real incentiva a los mineros a presentar trabajos válidos a la red, especialmente cuando la validación es trivial. Intentar incluir una transacción no válida en un bloque propuesto sería rápidamente detectado y rechazado por los nodos, pero el trabajo computacional realizado ya habría sido sacrificado.

"Los mecanismos de consenso que no implican trabajo... implican gobernanza"

-LYN ALDEN

El mecanismo de consenso de prueba de trabajo de bitcoin permite a desconocidos ponerse de acuerdo sin terceros, a intervalos regulares, sobre qué direcciones contienen bitcoin.

"Bitcoin es robusta inmutabilidad histórica por ley de la termodinámica. Necesitamos un solo libro contable inmutable de prueba de trabajo"

-ANDREAS ANTONOPOULOS

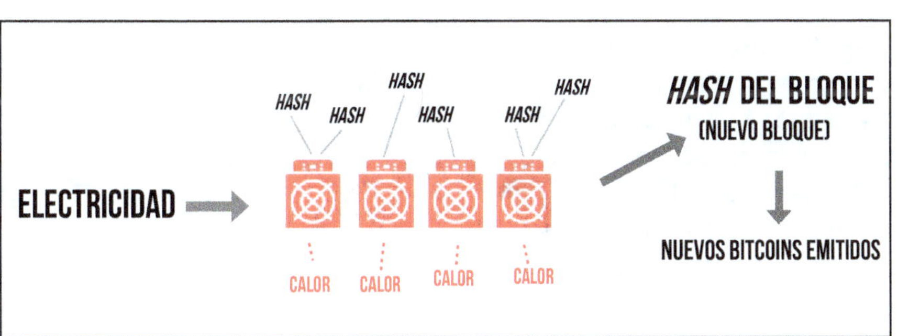

SEGUNDA LEY DE LA TERMODINÁMICA

La entropía termodinámica puede considerarse una medida del desorden o la aleatoriedad de un sistema. Menor entropía significa menos aleatoriedad; mayor entropía, más aleatoriedad.

La información sobre cómo cambia el estado de un sistema debe ser observada, procesada y finalmente registrada en algún lugar.

Los sistemas ordenados en nuestro mundo, como un ser humano vivo o la cadena de bloques de bitcoin, requieren un flujo constante de energía para que se pueda ejecutar un esfuerzo útil para construir y mantener ese orden. El subproducto de este proceso es el calor, que ya no puede realizar ningún esfuerzo útil. En conjunto, el sistema ordenado y la energía consumida para mantener ese orden, más el calor residual producido, aumentan la entropía del universo de acuerdo con la segunda ley de la termodinámica

Este es un proceso unidireccional. No puedes combinar calor con humanos y recuperar la comida que ya han consumido. De manera similar, con la cadena de bloques de bitcoin, la segunda ley asegura que el reloj de bitcoin solo avance en una dirección; su pasado está fijo y asegurado por una barrera de energía termodinámica en permanente crecimiento.

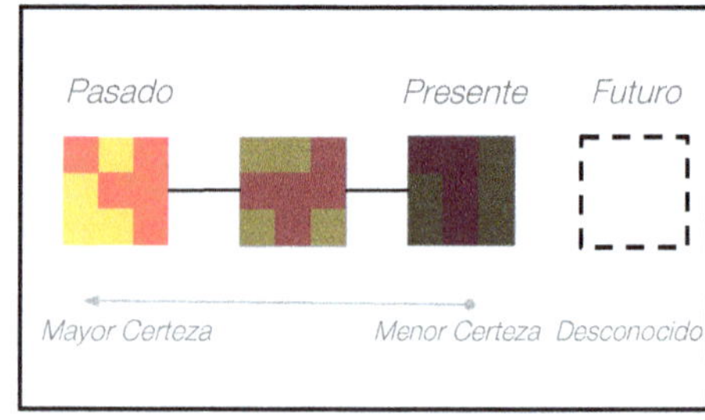

CONCEPTO RELACIONADO ## DIRECCIÓN DEL TIEMPO

Estableciendo la dirección unidireccional del tiempo diferenciando el pasado del presente.

Una cadena es una serie de eslabones. Bitcoin crea una secuencia inmutable de su historial al vincular consistentemente el bloque más reciente con el segundo más reciente. La información contenida en cada bloque actúa como una serie de capas de cemento que se secan sucesivamente, volviéndose cada vez más difícil de manipular con el paso del tiempo.

La creación de bloques ocurre a intervalos consistentes, independientemente de la potencia computacional usada en la red, gracias a un ingenioso mecanismo que ajusta el nivel de dificultad para encontrar un único valor aleatorio en un porcentaje definido.

"Lo que realmente está marcando el ritmo en la red de bitcoin es el reloj global: un reloj de bloques, donde cada bloque es una unidad de tiempo."

-GIGI

El protocolo de bitcoin crea un flujo constante de información, forjada por la conversión de energía y bloqueada por la segunda ley de la termodinámica. Nos proporciona la capacidad de diferenciar el pasado del presente y establecer la dirección del tiempo.

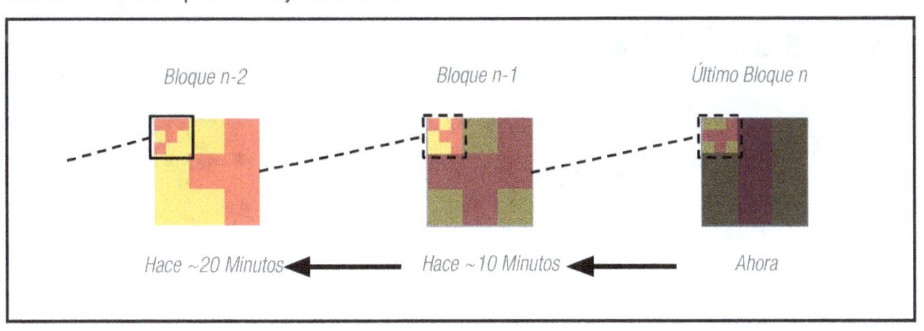

SEGUNDA LEY DE LA TERMODINÁMICA

 ## TEORÍA DE LA INFORMACIÓN

Cómo se comunica, almacena y cuantifica la información digital.

La teoría de la información es el estudio de cómo se comunica, almacena y cuantifica la información digital. En la raíz, este concepto se centra en la capacidad del receptor para reconstruir con precisión un mensaje cuando se enfrenta a un canal con ruido (causado por interferencia externa).

En el caso de una red monetaria, la redundancia en el almacenamiento de la información es fundamental. La red de nodos independientes de bitcoin permite la recuperación, recreación y validación de toda la cadena de bloques con solo otro nodo.

Este atributo permite que la red funcione sin una autoridad central y aumenta las probabilidades de supervivencia de la red.

"El problema fundamental de la comunicación es reproducir en un punto, ya sea exacta o aproximadamente, un mensaje seleccionado en otro punto".

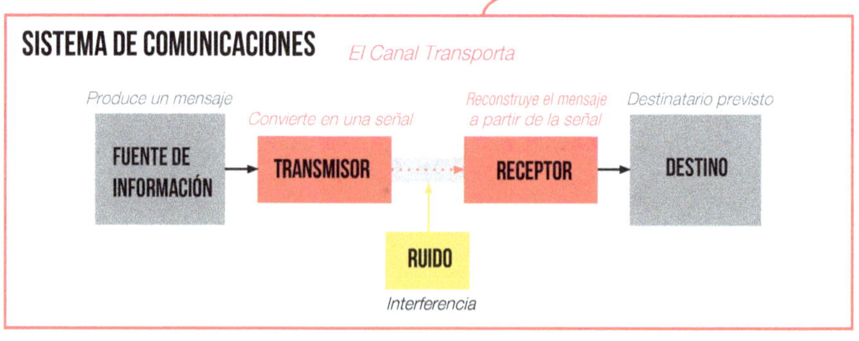

Adaptado de "Una teoría matemática de la comunicación" de Claude Shannon (1949).

LEY DE MOORE

La observación que establece que el número de transistores en un chip de computadora se duplica aproximadamente cada dos años.

La deflación tecnológica es hermosa. Nos permite aprovechar los beneficios compuestos de la innovación. Ya sea reduciendo los insumos requeridos en un proceso o logrando un mayor rendimiento con los mismos insumos.

El efecto de los microprocesadores en todos los aspectos de la vida moderna es asombroso. Han alterado radicalmente cómo nos comportamos y comunicamos y están cambiando gradualmente cómo se ha estructurado la sociedad desde la era industrial.

La ley de Moore ayuda a explicar el crecimiento exponencial que hemos evidenciado en la potencia computacional debido a la creciente densidad de microcomponentes y la disminución de costos de producción en los últimos 50 años.

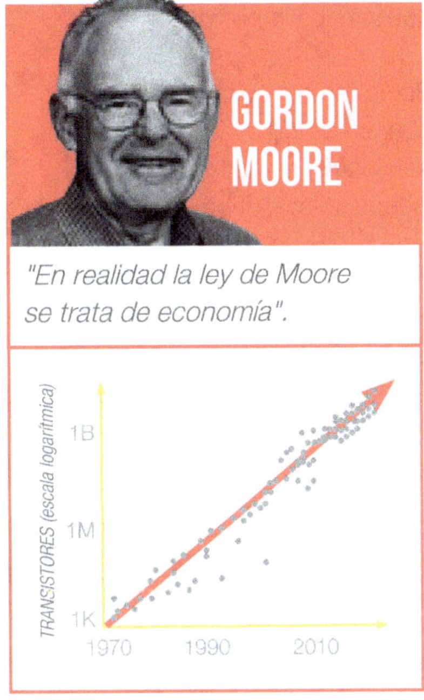

"En realidad la ley de Moore se trata de economía".

"La implementación universal de estos microprocesadores cada vez más potentes ha afectado a todos los sectores de la manufactura, transporte, servicios y comunicaciones... acompañada de costos en reducción constante y mayor confiabilidad."

-VACLAV SMIL

LEY DE MOORE

La red de bitcoin se beneficia de este fenómeno a medida que los nodos de red continúan proliferando en todo el mundo. Si alguna red monetaria quiere ser capaz de resistir ataques de jurisdicciones específicas, debe alcanzar un cierto umbral de descentralización entre nodos que la haga imposible de abatir.

Por lo tanto, la capacidad de operar un nodo y verificar transacciones de forma independiente debe estar al alcance de un número suficientemente grande de personas. La disponibilidad y los costos del hardware necesario son factores clave en esto.

A diferencia de los mineros, los nodos de validación no requieren hardware de última generación o mayor capacidad computacional. Además, el crecimiento lineal de la cadena de bloques (en términos de memoria) significa que las necesidades de almacenamiento futuro son predecibles y marginales.

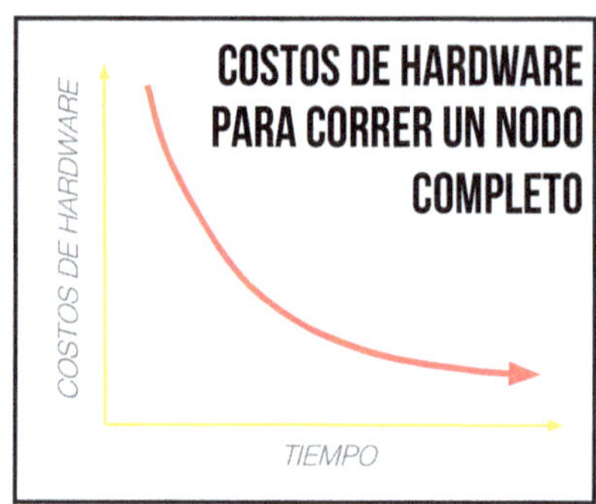

"[los microprocesadores] han incubado una serie de tecnologías que mejoran la capacidad de pequeños grupos, e incluso individuos, para funcionar independientemente de una autoridad central".

-DAVIDSON & REES-MOGG

ANTIFRAGILIDAD

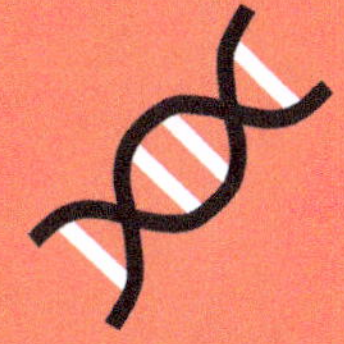

Una propiedad de ciertas cosas que se benefician activamente de la volatilidad e imprevisibilidad mediante el uso de ciclos de retroalimentación rápida para evolucionar.

La red de bitcoin no solo es difícil de destruir, sino que se vuelve más resistente con cada intento (como el tejido muscular que se fortalece después de un entrenamiento intenso). Esto se debe a su arquitectura de red *peer-to-peer* (P2P).

No existe un único punto de falla, ya que cada nodo completo posee un registro histórico válido de la cadena de bloques, y todos los nodos tienen igualdad de condiciones ante el protocolo.

"No hay nodos especiales de bitcoin; todos los nodos son iguales."

-ANDREAS ANTONOPOULOS

Con el tiempo, la red de bitcoin ha crecido en tamaño (número de nodos alcanzables) y se ha vuelto cada vez más descentralizada. Actualmente es capaz de resistir y fortalecerse ante ataques, incluso de estados y naciones.

"Dada la imposibilidad de alcanzar la robustez perfecta, necesitamos un mecanismo mediante el cual el sistema se regenere continuamente utilizando, en lugar de sufrir, eventos aleatorios, choques impredecibles, factores estresantes y volatilidad."

ANTIFRAGILIDAD

"Cuando algo descentralizado y orgánico evoluciona y se adapta rápidamente, se vuelve excesivamente antifrágil porque cada vez que matas o eliminas una parte de él, las partes que no matas se vuelven mucho más fuertes."

-MICHAEL SAYLOR

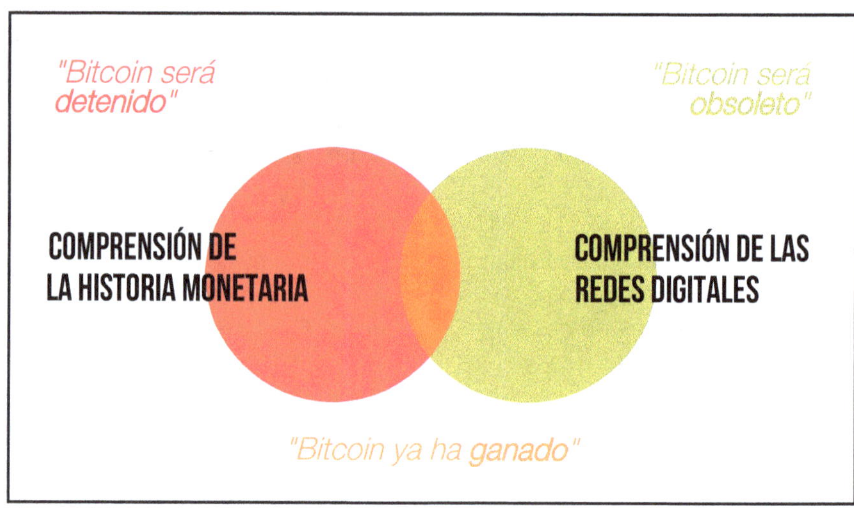

LEY DE GALL

Las mejoras incrementales realizadas a un sistema funcional son superiores a construir un sistema complejo desde cero.

Tomado del libro de John Gall: "Systemantics: How Systems Really Work and How They Fail" (1977), esta heurística explica el éxito detrás de los sistemas que damos por sentado hoy en día, que evolucionaron a partir de fundamentos sencillos pero confiables. La misma actitud fue (y sigue siendo) tenida hacia el desarrollo del protocolo de bitcoin. Un sólido fundamento promueve la confianza a largo plazo para inversiones en tiempo, capital, y adopción de infraestructura tecnológica.

Los sistemas complejos no tienen la capacidad de responder con flexibilidad a la entropía, ya que se debe tener en cuenta la manera en que cualquier cambio menor afectará a muchos otros componentes individuales. En contraste, los sistemas simples y funcionales pueden permitir la innovación (a través de la iteración) como una extensión, sin riesgo para la funcionalidad básica.

"El funcionalismo reptante es la tendencia a incluir funcionalidades en un dispositivo, a menudo extendiendo este número más allá de toda razón. Cada nuevo conjunto de funcionalidades aumenta exageradamente el tamaño y complejidad del sistema."

—DONALD NORMAN

"Bitcoin es demasiado importante para seguir la máxima de Silicon Valley de avanzar rápido y romper las cosas. En cambio, es avanzar lentamente y no romper nada. Si se va a construir un sistema financiero global sobre un sistema monetario descentralizado, la base debe ser protegida a toda costa."

—PARKER LEWIS

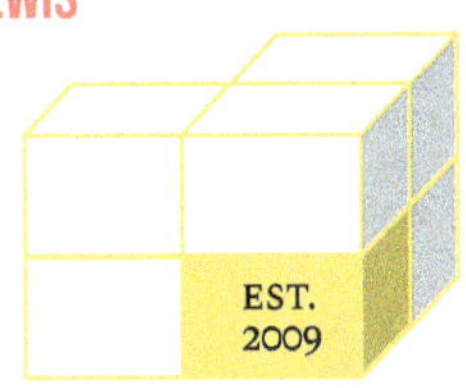

LEY DE GALL

SUPERFICIE DE ATAQUE

La suma de todas las potenciales vulnerabilidades desde todos los posibles puntos de acceso.

Imagina una fortaleza que debe defender sus muros de los ataques. Minimizar la longitud del perímetro que debe ser asegurado se convierte en un elemento de diseño crucial, ya que un cuadrado es más fácil de defender que un rectángulo.

Un factor clave en la resiliencia de bitcoin es la simplicidad del protocolo central, junto con el alto grado de escrutinio que recibe como proyecto de código abierto.

"Concentrar todas las características de Lightning, Liquid, DLCs, RGB, etc., en la cadena principal es obviamente una mala idea. Esto permitiría vectores de ataque desconocidos y, por lo tanto, fragilidad holística."

-ALLEN FARRINGTON & BIG AL

Permitir la experimentación irrestricta sobre bitcoin, sin amenazar su fundamento, es importante para su escalabilidad y la innovación en general.

SATOSHI NAKAMOTO

"Al ser código abierto, cualquiera puede revisar el código fuente. Si fuera de código cerrado, nadie podría verificar la seguridad".

```cpp
CAmount GetBlockSubsidy(int nHeight,
const Consensus::Params&
consensusParams)
{
    int halvings = nHeight /
consensusParams.nSubsidyHalvingInterval;
    // Force block reward to zero when
right shift is undefined.
    if (halvings >= 64)
        return 0;

    CAmount nSubsidy = 50 * COIN;
    // Subsidy is cut in half every
210,000 blocks which will occur
approximately every 4 years.
    nSubsidy >>= halvings;
    return nSubsidy;
}
```

CATALIZADORES

Inicia una reacción pero no es en sí mismo un reactante.

En química, un catalizador modifica la velocidad de reacción entre una sustancia y los reactivos sin ser afectado. En un sentido más amplio, un catalizador acelera algún cambio cuando se introduce en un entorno.

Satoshi Nakamoto ideó un método ingenioso para prevenir la duplicación del efectivo digital (doble gasto) sin depender de un intermediario. Esta solución fue codificada en el protocolo de bitcoin y presentada al mundo.

Aunque no es seguro, un mensaje dejado por Satoshi en el bloque génesis podría indicar que las salvaguardas recibidas por bancos e instituciones financieras después de la crisis del 2008 fueron un catalizador para bitcoin.

Como dinero sólido digital, accesible para todos, bitcoin se ha convertido en un catalizador. Al introducir una nueva opción de dinero, bitcoin obliga a las personas a comparar los atributos de los bienes monetarios en competencia (por ejemplo, la escasez, durabilidad, portabilidad, etc.).

Muchos de los cambios que bitcoin acelerará son desconocidos, pero si los acontecimientos actuales sirven de guía, serán tremendos.

"Bitcoin puede representar el catalizador más grande que el mundo haya conocido para desarrollar energía abundante, limpia y barata. Por lo tanto, es uno de los mayores catalizadores en el mundo para el progreso humano."

-ROSS STEVENS

PARTE III:
Psicología

DILEMA DEL PRISIONERO

Usar matemáticas para determinar si es mejor cooperar o competir en juegos de múltiples jugadores.

Las decisiones que involucran a múltiples partes, donde la coordinación ofrece el mayor beneficio, deben considerar las preferencias de los demás. El dilema del prisionero es un ejercicio que ayuda a modelar el rango de posibilidades y el curso óptimo de acción para cada situación.

A nivel internacional, bitcoin, como competencia de otras formas de dinero, obliga a las naciones soberanas a diseñar y ejecutar una estrategia, ya sea de manera proactiva (prohibir) o pasiva (permitir).

Como varios países han descubierto que no es posible prohibir bitcoin, la estrategia óptima debe ser aceptar y regular, o presenciar cómo el capital y el talento migran a países que presentan menor fricción. Llevando este razonamiento un paso más allá, los gobiernos deben considerar mantener bitcoin como parte de sus reservas de cobertura.

Si bitcoin se convierte en el dinero digital global dominante, lo habrá logrado al desmonetizar severamente todas las demás formas de dinero y bonos soberanos.

CHRIS KULPER & JACK NEUREUTER

"Si aumenta la adopción de bitcoin, los países que aseguren alguna cantidad de bitcoin hoy, estarán en una mejor posición competitiva que sus pares en el futuro. Por lo tanto, incluso si otros países no creen en la tesis de inversión, se verán obligados a adquirir bitcoin como una forma de seguro."

	País B *Prohíbe*	**País B** *Permite*
País A *Prohíbe*	La prohibición falla Adopción	Flujos de capital A → B
País A *Permite*	Flujos de capital B → A	Comercio y elección del consumidor

Fuente: Parker Lewis, "Bitcoin No Puede Ser Prohibido"

DILEMA DEL PRISIONERO

CONCEPTO RELACIONADO ## ARBITRAJE JURISDICCIONAL

Aprovechando las discrepancias entre jurisdicciones competidoras.

La opción de migrar hacia donde se tienen mejores circunstancias relativas (es decir, un menor costo de vida, una mayor calidad de vida, un salario más alto, etc.) es una amenaza real para los futuros ingresos fiscales de las naciones. En una era en la que los talentos calificados son cada vez más móviles y codiciados por múltiples jurisdicciones, el poder de negociación regresa a las personas.

ADAM FERGUSSON

"La evasión de impuestos, el temor a la socialización, y la inflación se han combinado para desterrar el capital de países con una moneda depreciada hacia países donde la moneda es sólida o tiene un mayor valor."

CUANDO
EL DINERO
MUERE

PRUEBA SOCIAL

En situaciones de incertidumbre, buscamos a aquellos que consideramos expertos o competentes para orientarnos sobre la mejor manera de pensar o actuar.

Bitcoin ha sido víctima de miedo, incertidumbre y duda (FUD por sus siglas en inglés) debido a su novedad y falta de paralelos similares. Esto ha dejado a gran parte del público mal informado y escéptico. Sin embargo, con el tiempo, bitcoin se ha aceptado socialmente a medida que un coro creciente de individuos e instituciones respetables señalan su respaldo a la tecnología.

Las cosas radicalmente nuevas siempre serán recibidas con escepticismo y precaución por parte del público en general. La prueba social contribuye con la valiosa tarea de disipar el miedo, la incertidumbre y la duda a gran escala.

Los asignadores de capital se enfrentan a un genuino riesgo profesional al apostar por nuevas tecnologías tal vez muy temprano en su curva de adopción. Pero eventualmente, el costo de oportunidad se vuelve demasiado alto como para seguir ignorando un cambio permanente en el comportamiento del consumidor.

"Paul Tudor Jones lo valida para otros gestores de fondos de cobertura, estos a su vez lo validan para fondos soberanos, y a su turno, los fondos soberanos lo validarán para los bancos centrales".

-NAVAL RAVIKANT

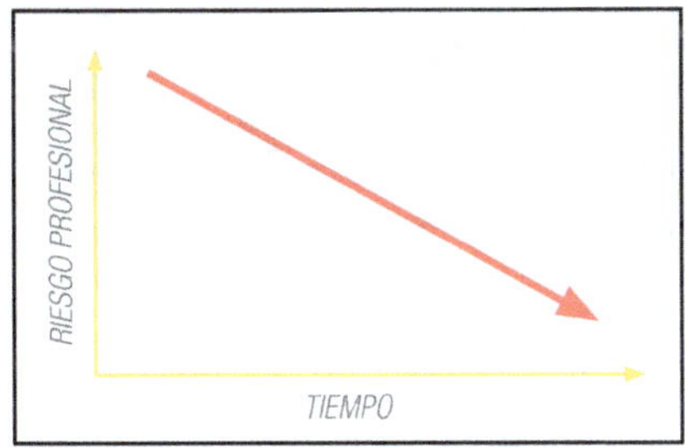

PRUEBA SOCIAL

 ## TEORÍA MIMÉTICA

En situaciones de incertidumbre, buscamos a aquellos que consideramos expertos o competentes para orientarnos sobre la mejor manera de pensar o actuar.

No todos los que usan el dólar hoy entienden por qué es el vehículo preferido para el ahorro y las transacciones. Lo mismo será cierto para bitcoin en la saturación. Algunas personas elegirán conscientemente bitcoin porque es el dinero más sólido. Otros simplemente imitarán esta preferencia. Ambos contribuirán a un ciclo de retroalimentación positiva.

"Los modelos son personas o cosas que nos muestran lo que vale la pena querer. Son los modelos, no nuestro análisis 'objetivo' o sistema nervioso central, los que moldean nuestros deseos. Con estos modelos, las personas se involucran con una forma secreta y sofisticada de imitación que Girard denomina mimesis, a partir de la palabra griega mimeisthai (imitar)."

-LUKE BURGIS

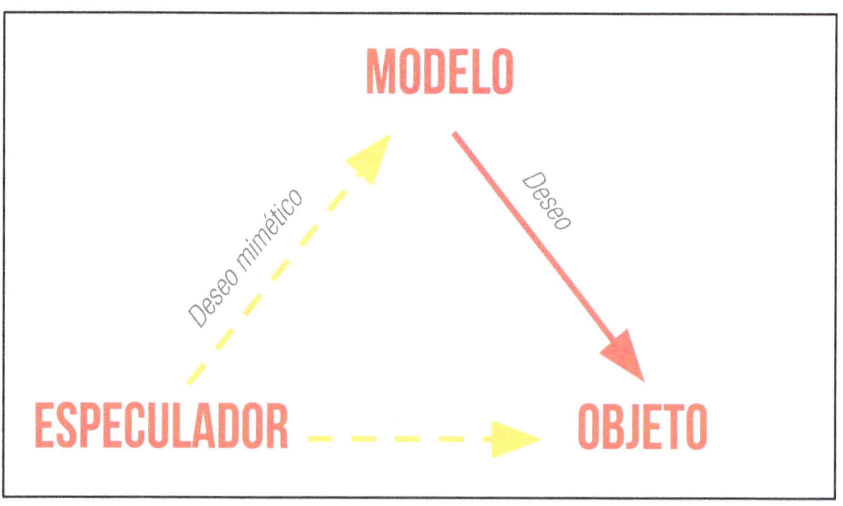

SESGO DE LA PRIMERA CONCLUSIÓN

La tendencia a aceptar la primera respuesta ofrecida, sin importar si es correcta, cerrando la posibilidad a cualquier debate o indagación.

Tus conclusiones iniciales sobre las nuevas tecnologías suelen ser incorrectas o incompletas, pero aún así es probable que las defiendas. Esto es en última instancia desventajoso para ti.

"La mente funciona un poco como un espermatozoide y un óvulo: la primera idea entra y luego la mente se cierra... esto nos lleva a aceptar muchos resultados erróneos."

-CHARLIE MUNGER

Todos inicialmente malinterpretan bitcoin simplemente porque no existe nada comparable. La escasez digital es un concepto completamente nuevo con muchas implicaciones aún desconocidas que las personas deben entender.

Nuestra supervivencia continua es en gran medida un producto de nuestra capacidad para identificar y evaluar rápidamente el riesgo. Entonces, mientras puedas sacudir la cabeza con frustración ante aquellos que desestiman o menosprecian a bitcoin como un esquema Ponzi, culto o experimento fallido, recuerda que es solo un mecanismo reaccionario arraigado en lo desconocido. Se requiere una curiosidad neutral y la evaluación crítica de suposiciones para estar verdaderamente seguro en tus conclusiones.

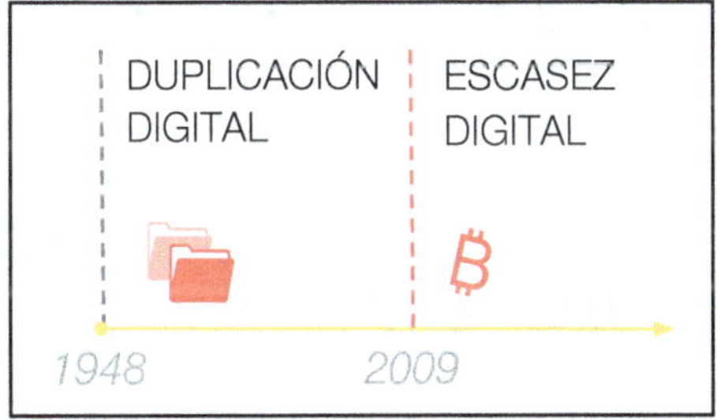

CÍRCULO DE COMPETENCIA

Comprender dónde está tu falta de conocimiento iluminará tus vulnerabilidades.

Todos tenemos experiencias y conocimientos únicos que nos brindan áreas de alto enfoque y especialización. Pero la mayor parte del tiempo, debemos operar fuera de ellas, tratando de entender en sentido amplio lo mejor posible. Esto es inofensivo en situaciones de consecuencia menor, pero puede volverse problemático cuando las apuestas son más altas.

La capacidad de definir claramente las fronteras de la competencia intelectual propia, y evitar la tentación de la sobreconfianza, reduciendo las posibilidades de errores y fracasos. En la mayoría de los escenarios, adoptar una mentalidad de principiante nos servirá mejor.

Bitcoin es conceptualmente desafiante de entender porque requiere un enfoque interdisciplinario que abarca varios campos aparentemente no relacionados pero superpuestos (por ejemplo, la termodinámica, el hardware, la historia monetaria, la criptografía, etc.).

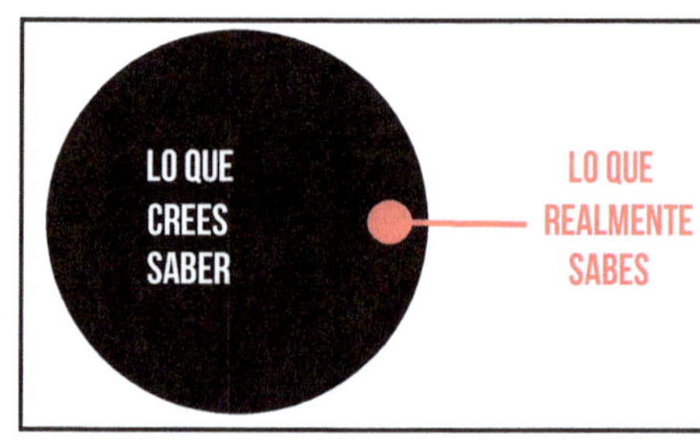

"Es realmente importante permanecer dentro de tu círculo de competencia. Si no estás seguro de cuáles son los límites de ese círculo para ti, entonces no tienes un dominio real de tu campo."
-CHARLIE MUNGER

"Créanme, el hombre es capaz de crear más bitcoin de alguna manera. Te dicen que hay reglas y que no pueden hacerlo. No les creas. Cuando haya suficiente incentivo, sucederán cosas malas."

-CHARLIE MUNGER

CÍRCULO DE COMPETENCIA

Evaluarlo únicamente a través del lente angosto de la experiencia significa no ver el sistema más amplio. Afortunadamente, tu círculo de competencia no es algo estático, y puedes darle forma con el tiempo.

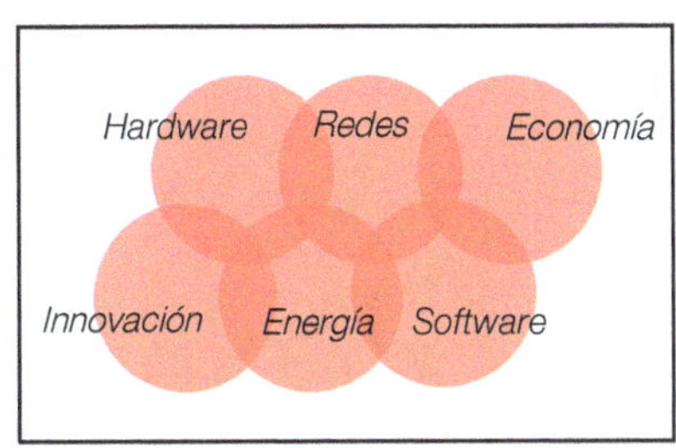

 ## EFECTO DUNNING-KRUGER

Sobrestimar tu conocimiento en un área específica conduce a decisiones erróneas.

Este sesgo describe la tendencia a tener opiniones excesivamente favorables sobre las propias habilidades sin tener la autoconciencia para reconocerlo (metacognición).

En su artículo de 1999, David Dunning y Justin Kruger describen la "doble carga" de ser incapaz de reconocer las deficiencias sociales e intelectuales propias al mismo tiempo que se toman decisiones erróneas basadas en las falsas conclusiones derivadas.

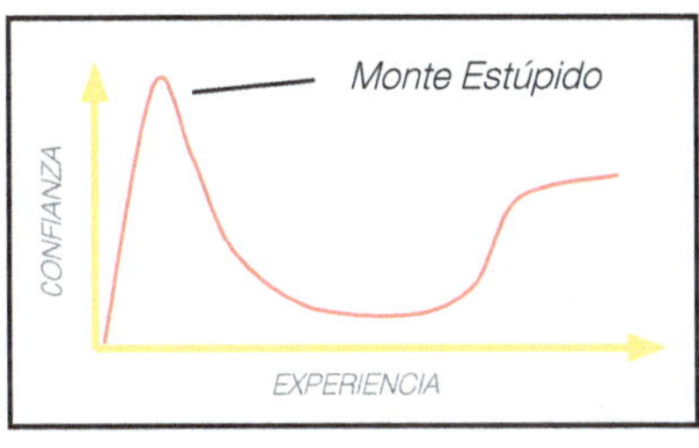

"Bitcoin parece simple en la superficie, lo cual es bueno para la adopción y el interés... pero... el diseño se vuelve más contraintuitivo a medida que profundizas en los detalles."

-ADAM BACK

ERROR CATEGÓRICO

Los críticos a menudo incurren en equivocaciones al evaluar bitcoin contra sus creencias erróneas sobre lo que verdaderamente es. Lo más común es comparar la volatilidad a corto plazo de bitcoin con el dólar estadounidense cuando se usa principalmente como un método de ahorro a largo plazo, o criticar a bitcoin como una inversión porque no paga dividendos (a pesar de apreciarse en más del 100% cada año en promedio durante la última década).

Todos tienen una opinión sobre cómo clasificar bitcoin, pero en realidad, bitcoin desafía la categorización absoluta debido a sus muchas y muy variadas facetas en un entorno en constante evolución.

MARTY BENT

"Bitcoin no es una acción, ni es una startup o un fondo de inversión... este es un animal completamente diferente a los otros tipos de activos con los que la gente intenta compararlo. Necesitas verlo a través de un lente diferente."

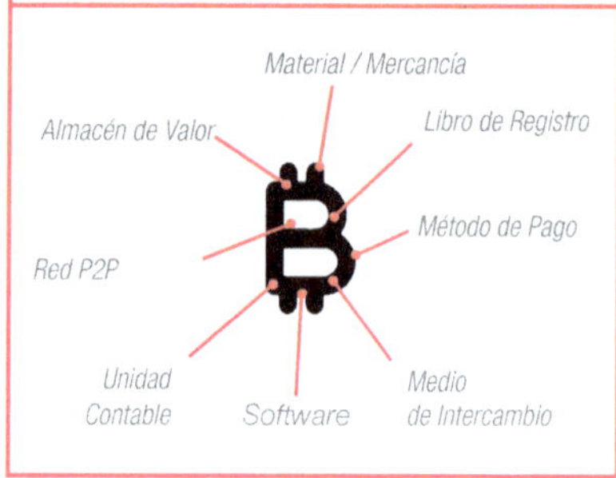

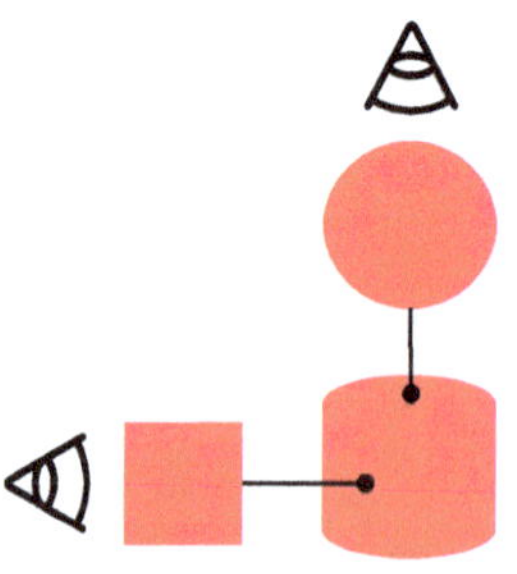

CICLO DE LA EMOCIÓN DE GARTNER

Una metodología para evaluar la madurez y adopción de nuevas tecnologías y aplicaciones.

Las tecnologías se adoptan en olas sucesivas. Es un juego constante de gato y ratón entre la madurez de una tecnología y las expectativas de las personas.

El Ciclo de la Emoción de Gartner explica las fases evolutivas de la percepción del público sobre las tecnologías emergentes. Sin embargo, rara vez se da en un único recorrido para avances disruptivos, sino más bien en una serie de ciclos de emoción en la adopción, cada uno aumentando progresivamente en magnitud (ver Minoría Intransigente: teoría de la difusión de la innovación).

Al presenciar estas explosiones cíclicas en usuarios, capital, desarrolladores y productos, nada puede reemplazar la ventaja de la convicción a largo plazo, desarrollada a través de una curiosidad genuina y la experimentación continua.

"Los primeros compradores en un ciclo de la emoción de Gartner suelen tener una fuerte convicción sobre la naturaleza transformadora de la tecnología en la que están invirtiendo."

—VIJAY BOYAPATI

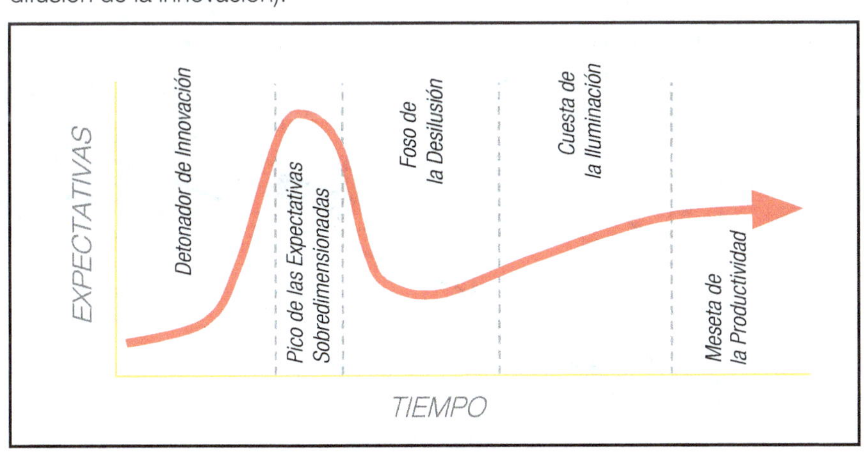

CICLO DE LA EMOCIÓN DE GARTNER

 LEY DE AMARA

La discrepancia de horizontes temporales entre nuestras expectativas para las nuevas tecnologías y su impacto real.

Naturalmente nos emocionamos con las nuevas tecnologías que tienen el potencial de mejorar nuestra calidad de vida o permitirnos hacer lo que antes era imposible. Esto hace que nuestras expectativas superen a la realidad. Las nuevas tecnologías requieren tiempo para desarrollarse, estabilizarse y volverse lo suficientemente intuitivas para una adopción masiva (condición necesaria para que emerjan los efectos de red).

La Ley de Amara difiere del Ciclo de la Emoción de Gartner en que destaca nuestra tendencia a pensar en términos lineales cuando el proceso de comercialización de la innovación ¡es todo menos lineal!

"Predecir el cambio tecnológico es casi imposible y muy difícil de anticipar, y nadie, sí, nadie, es experto en ello. El único camino sensato es mantener la cautela con la emoción inicial, pero también prudente con el escepticismo posterior".

–MATT RIDLEY

"Tendemos a sobrestimar el efecto de una tecnología a corto plazo, y a subestimarlo en el largo plazo."

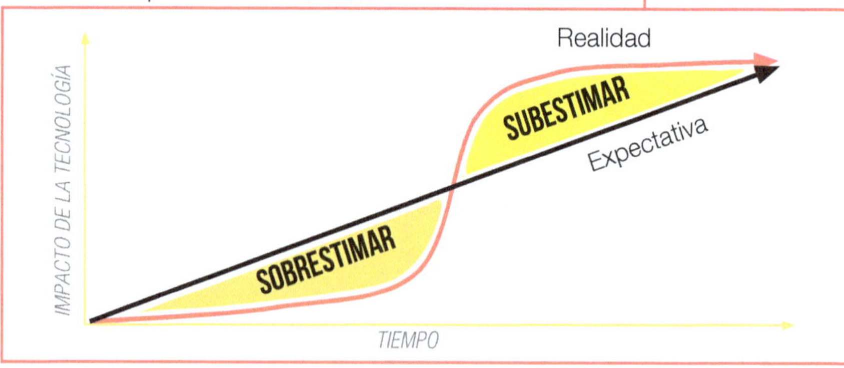

MINORÍA INTRANSIGENTE

Cuando unos pocos individuos moldean las preferencias de la mayoría debido a su negativa a aceptar la opción por defecto.

Popularizado por Nassim Taleb en su libro "Skin In The Game" de 2018, este concepto resalta la rapidez con la que un cambio social significativo puede surgir a partir de comienzos modestos.

Los usuarios de bitcoin están gradualmente haciendo prevalecer sus preferencias en el mercado al rechazar el uso de la moneda fíat como denominador en las transacciones económicas (dada su oferta impredecible).

En consecuencia, se han creado productos y servicios para atender a esta audiencia creciente, impulsando aún más su adopción. Este proceso refleja la manera en que se adoptan todas las innovaciones (es decir, mediante la teoría de la difusión de la innovación).

"Si una minoría reducida converge en la convicción de que bitcoin posee propiedades monetarias superiores y se niega a aceptar tu forma de moneda digital (o tradicional) como dinero, mientras que otros participantes del mercado menos convencidos aceptan tanto bitcoin como otras monedas, la minoría intolerante prevalece".

-PARKER LEWIS

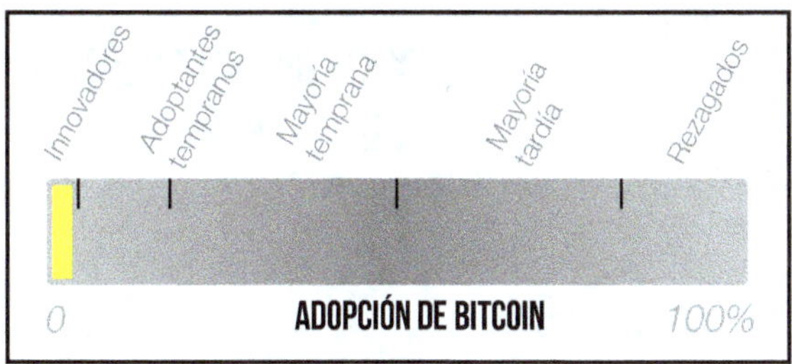

TEOREMA DE LA INEQUIVALENCIA

Tomando como base el Teorema de Equivalencia de David Ricardo, Davidson y Rees-Mogg plantean que, conforme las naciones soberanas sigan emitiendo deuda a un ritmo acelerado, aquellos con los medios buscarán emigrar para eludir el declive social anticipado y los incrementos en las tasas impositivas requeridos para sufragarla.

"Los gobiernos que impusieron una carga excesiva sobre sus contribuyentes... acabaron en el basurero de la historia."

-NICK SZABO

"En la Era de la Información, los individuos racionales no reaccionarán ante la perspectiva de impuestos más altos para financiar déficits. Los individuos soberanos y otras personas racionales buscarán huir de jurisdicciones con grandes pasivos no financiados."

Bitcoin hace que el capital sea inmune a la dilución, verdaderamente portátil y extremadamente difícil de confiscar, otorgando a los individuos una ventaja sobre los regímenes autoritarios y socialistas extractivos.

AMNESIA DE GELL-MANN

La identificación de errores en el cubrimiento de un tema específico, mientras se confía ciegamente en esa misma fuente en áreas donde nuestro conocimiento es limitado.

Es comprensible sentir frustración cuando una publicación periodística emite informes inexactos sobre un tema en el que eres experto. Sin embargo, deberíamos tomar este hecho como una advertencia sobre el nivel general de precisión en todas las demás áreas de cubrimiento y reportaje.

Bitcoin, en una primera aproximación, puede resultar complejo, lo que lo convierte en un blanco fácil para el periodismo sensacionalista. No obstante, al ser una herramienta de comunicación de código abierto, los intentos de especulación o de hacer juicios moralistas deberían ser motivo de precaución.

"La prensa suele cometer errores en temas que son:

- *Muy novedosos*
- *Muy técnicos*
- *Multidisciplinarios*
- *Dañinos para muchos intereses*
- *Generan demasiado interés*
- *En general, temas... complejos."*

-GIACOMO ZUCCO

MICHAEL CRICHTON

Cuando abres el periódico y encuentras un artículo sobre algún tema que conoces bien, y te das cuenta de que el periodista no tiene ni la más mínima comprensión de los hechos o los problemas, te hace dudar de la rigurosidad y precisión del resto del periódico."

Newsweek

"La Minería de Bitcoin en Camino a Consumir Toda la Energía del Mundo para el 2020"

11 DE DICIEMBRE DE 2017

EFECTO LINDY

Bitcoin ahora cuenta con más de una década de madurez. Aunque este período es insignificante en la historia monetaria, es de gran importancia para una red digital y representa un hito sin precedentes para una red monetaria digital no soberana.

El Efecto Lindy (también conocido como la Ley de Lindy) nos ayuda a evaluar la probabilidad de que bitcoin continúe existiendo. A medida que se siguen produciendo bloques y se realizan transacciones, la confianza en la inmutabilidad de la red se fortalece. Esto da lugar a un ciclo virtuoso, e implica que el horizonte temporal en el que las personas almacenan riqueza en bitcoin se extiende.

"Cada día que pasa sin que bitcoin colapse debido a problemas legales o técnicos, proporciona nueva información al mercado. Esto aumenta la probabilidad del éxito de bitcoin y justifica un precio más alto".

-HAL FINNEY

"Independientemente de la obra acumulada de una persona en su pasado, en promedio continuará durante una cantidad adicional igual".

$x = 2y$

$x =$ EXPECTATIVA DE VIDA
$y =$ EDAD ACTUAL

EFECTO LINDY

"La innovación rompe el efecto Lindy. Solo un cambio de paradigma justifica el tiempo y la energía necesarios para realizar la difícil y larga transición de un protocolo a otro.

Durante la fase de adopción de la próxima ola tecnológica, es posible que los ciclos de Lindy de las subsiguientes tecnologías se traslapen en el tiempo."

-WILLEM VAN DEN BERGH

DÍAS DESDE LA ÚLTIMA CAÍDA DE LA

RED BITCOIN

4,071

(Hasta el 11 de mayo del 2024)

EMERGENCIA

Cuando surgen nuevas estructuras dinámicas a partir de la interacción de componentes individuales y estas se vuelven autorreguladas.

Si bien las partes individuales expuestas en el documento original de bitcoin funcionan en conjunto, en gran medida según lo descrito, los efectos de orden superior y el comportamiento incentivado son completamente impredecibles.

"El estatus monetario emerge espontáneamente de la acción humana, no es algo que se otorgue a través de debates académicos, planificación racional o mandatos gubernamentales".

-SAIFEDEAN AMMOUS

Desde las funciones *hash* y los árboles de Merkle, hasta un mecanismo de consenso de prueba de trabajo, bitcoin aprovecha muchas herramientas y tecnologías que apalancan los incentivos económicos, lo que lo convierte cada vez más en dinero formidable con el tiempo.

JAMESON LOPP

"Bitcoin no surgió de la nada; es el resultado de décadas de trabajo. Muchos proyectos de moneda digital fracasaron antes de que bitcoin tuviera éxito. Comprender cómo llegamos hasta aquí te ayudará a entender hacia dónde vamos".

EMERGENCIA

La monetización de bitcoin es poco probable que progrese de manera ordenada. Bitcoin no existe en un vacío y hay muchas variables a considerar. A medida que el conocimiento se difunde de forma desigual, múltiples usuarios estarán simultáneamente en diferentes etapas del camino.

"Bitcoin está pasando actualmente de la primera etapa de monetización a la segunda. Nadie vivo ha presenciado la monetización en tiempo real de un bien (como está ocurriendo con bitcoin), por lo que hay muy poca experiencia sobre el camino que tomará esta monetización."

-VIJAY BOYAPATI

COLECCIONABLE › ALMACEN DE VALOR › MEDIO DE INTERCAMBIO › UNIDAD DE CUENTA

EFECTO STREISAND

En 2003, la cantante Barbra Streisand intentó eliminar una foto aérea que mostraba su residencia en Malibú de una página web pública. Una demanda contra el fotógrafo atrajo bastante publicidad y resultó en más de 400,000 vistas adicionales de la imagen. La imagen solo había sido descargada seis veces anteriormente.

Regularmente presenciamos el efecto Streisand cada vez que un gobierno intenta prohibir, disuadir el uso o difamar a bitcoin. Como red verdaderamente descentralizada, prohibir bitcoin solo revela los límites del poder gubernamental.

En tiempos de depreciación acelerada de la moneda, los gobiernos que revelan las supuestas deficiencias de bitcoin simplemente generan mayor escepticismo hacia el sistema fíat existente. Afortunadamente, ahora tenemos un instrumento universal, inmune a las amenazas o acciones gubernamentales, que actúa como un reflejo en tiempo real del valor de mercado de las monedas fíat.

"Bitcoin ha sido prohibido muchas veces en muchas geografías, y sin embargo, hoy la adopción está superando el ritmo de adopción de Internet."

-ALYSE KILLEEN

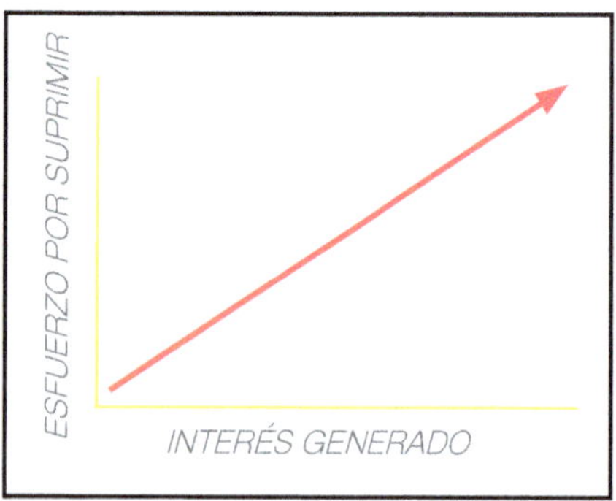

RIESGO MORAL

Personas o instituciones que no tienen la obligación de afrontar las consecuencias de sus decisiones tenderán inevitablemente a aumentar imprudentemente su tolerancia al riesgo.

"El capitalismo sin bancarrotas es como el cristianismo sin infierno."

-FRANK BORMAN

Esta dinámica se ha evidenciado repetidamente en cada crisis financiera moderna mediante la implementación de rescates financiados por los contribuyentes (socializando las pérdidas de empresas que cotizan en bolsa) en aras de evitar la propagación. Estas acciones han sido posibles gracias a incentivos desalineados creados por un sistema fíat centralizado.

"La centralización generalmente conlleva serios riesgos de monopolización, corrupción, exclusión y abuso."

-GIACOMO ZUCCO

Bitcoin ofrece un retorno a la plena responsabilidad. La contabilidad de todas las unidades existentes es trivial, al igual que hacer cumplir el calendario de la oferta. Los favores no pueden ser otorgados, sin importar el participante.

SATOSHI NAKAMOTO

"El problema fundamental con la moneda convencional es toda la confianza que se necesita para que funcione. Se debe confiar en el banco central para que no devalúe la moneda, pero la historia de las monedas fíat está llena de traiciones a esa confianza."

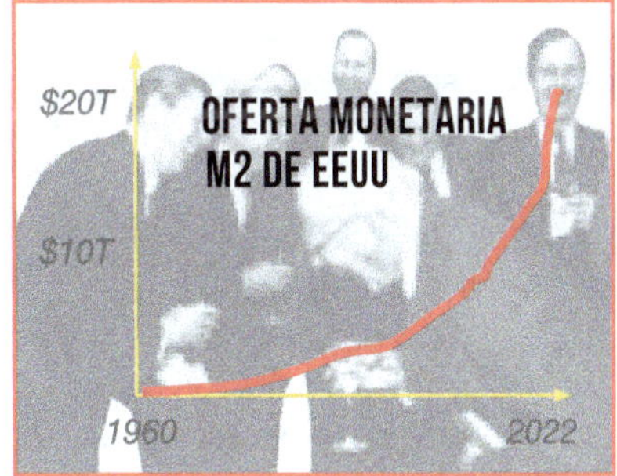

RIESGO MORAL

 ## RIESGO DE LA CONTRAPARTE

La probabilidad de que una parte incumpla su obligación en una transacción.

Casi todas las transacciones financieras digitales hoy en día requieren una relación con una entidad regulada (institución, plataforma o custodio). Estas entidades actúan como contrapartes cuyo papel es facilitar la actividad económica en nombre de los clientes.

La intervención de una contraparte en una transacción introduce ciertos riesgos en el proceso, principalmente el incumplimiento, es decir, la posibilidad de no cumplir con las obligaciones de entrega o conciliación. Aunque la probabilidad de que esto ocurra sea relativamente baja, las consecuencias pueden ser catastróficas.

Los eventos impredecibles dan lugar a acciones inesperadas, especialmente en los mercados financieros.

La confianza en el dinero fíat siempre estará ligada a la viabilidad y estabilidad del gobierno actual. Aunque se emita durante un período de estabilidad relativa y solvencia percibida, el dinero fíat puede deteriorarse en algún momento futuro, o incluso en el presente.

Bitcoin elimina la necesidad de una autoridad emisora, lo que mitiga los riesgos futuros de solvencia. Al ser un activo al portador, prescinde de la necesidad de contrapartes como custodios. Asimismo, al funcionar como una red entre pares (P2P), las contrapartes se vuelven completamente redundantes.

NIK BHATIA

"Las capas se convierten en una forma de pensar en la jerarquía del dinero, donde los instrumentos monetarios se clasifican en orden de superioridad de arriba hacia abajo, en lugar de colocarse uno al lado del otro en tablas contables".

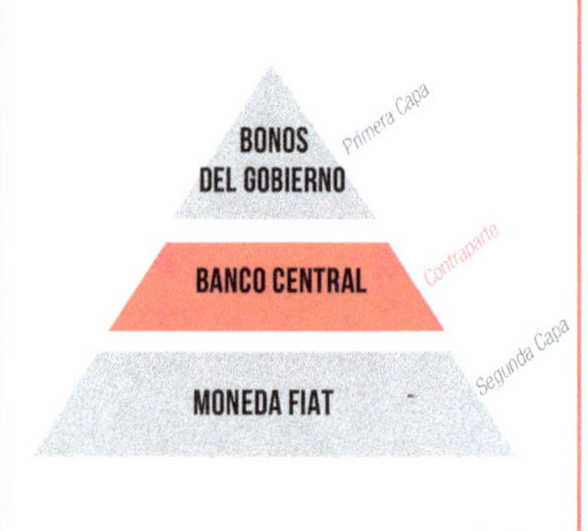

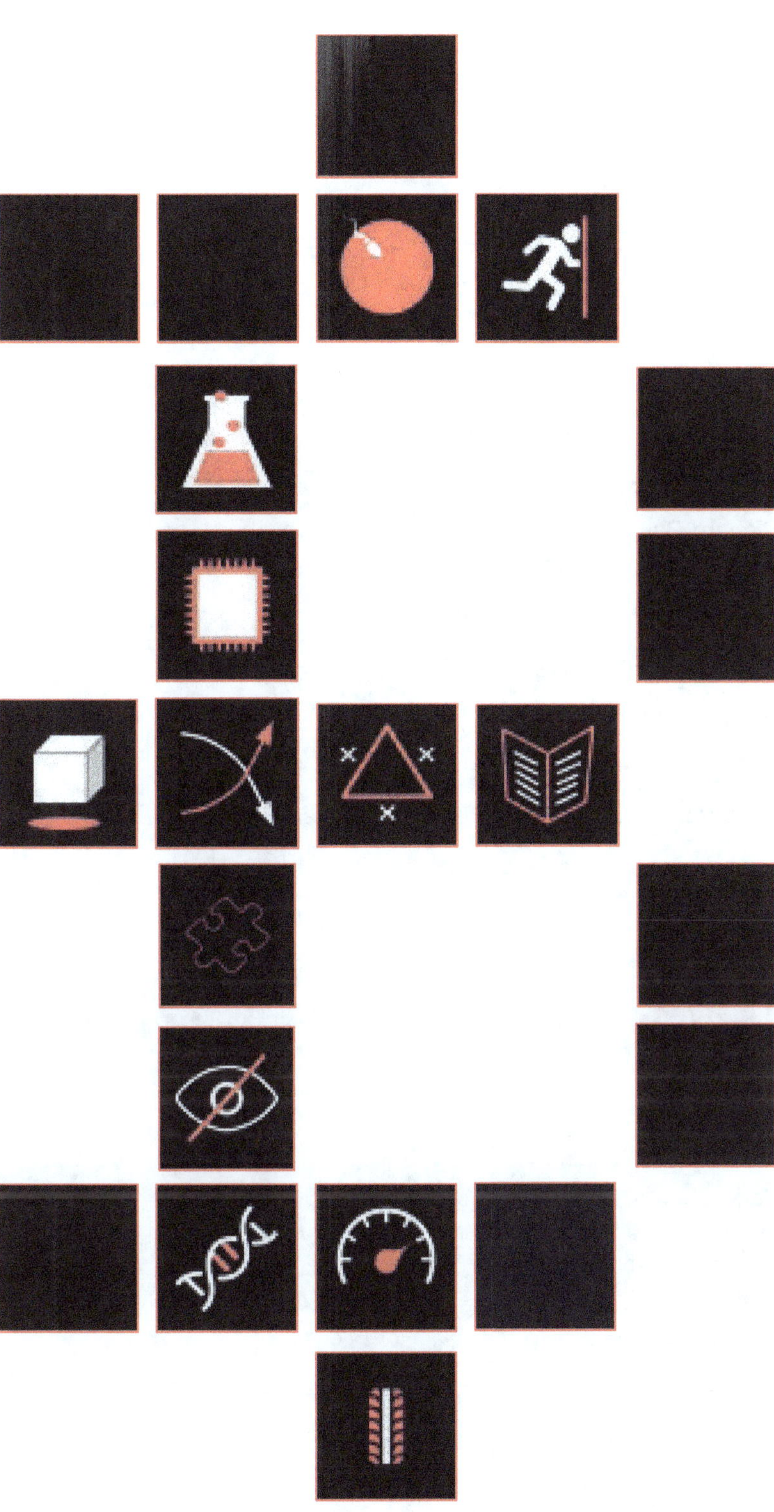

LECTURAS COMPLEMENTARIAS

ESCASEZ

Thomas Sowell, *"Is Reality Optional?: And Other Essays,"* 1993. 
Vijay Boyapati, *"The Bullish Case for Bitcoin,"* 2018.

LEY DE GRESHAM

Robert Mundell, *"Uses and Abuses of Gresham's Law in the History of Money,"* 1998.

EFECTO CANTILLON

Richard Cantillon, *"Essai sur la Nature du Commerce en Général,"* 1755.
Jörg Guido Hülsmann, *"The Ethics of Money Production,"* 2008.

PUNTO DE SCHELLING

Nick Szabo, *"Money, Blockchains, and Social Scalability,"* 2017.
Balaji S. Srinivasan, *"Bitcoin becomes the Flag of Technology,"* 2020.

COSTO DE OPORTUNIDAD

Saifedean Ammous, *"The Fiat Standard,"* 2021.

TRINIDAD IMPOSIBLE

Robert Mundell, *"Capital Mobility and Stabilization Policy under Fixed and Flexible Exchange Rates,"* 1963.

PARADOJA DE JEVONS

William Stanley Jevons, *"The Coal Question,"* 1865.
Vaclav Smil, *"Energy and Civilization: A History,"* 2017.

LEYES POTENCIALES

Parker Lewis, *"Bitcoin, Not Blockchain,"* 2019.
Lyn Alden, *"Bitcoin: Addressing Misconceptions,"* 2020.

SESGO DE UNIDAD

Vijay Boyapati, *"The Bullish Case for Bitcoin,"* 2018.

BIEN DE VEBLEN

Thorstein Veblen, *"The Theory of the Leisure Class: An Economic Study of Institutions,"* 1899.

SEGUNDA LEY DE LA TERMODINÁMICA

Gigi, *"Bitcoin's Eternal Struggle,"* 2019.
Gigi, *"Bitcoin is Time,"* 2021.
Claude E. Shannon, *"A Mathematical Theory of Communication,"* 1949.

LEY DE MOORE

Gordon Moore, *"Cramming more components onto integrated circuits,"* 1965.

ANTIFRAGILIDAD

Andreas M. Antonopoulos, *"The Internet of Money (Vol. I),"* 2016.
Nik Bhatia, *"Layered Money,"* 2021.
Nassim Taleb, *"Antifragile: Things That Gain From Disorder,"* 2012.
Giacomo Zucco, *"Bitcoin & the HOPF Cycle of the Internet,"* 2020.

LEY DE GALL

Allen Farrington & Big Al, *"Only The Strong Survive,"* 2020.
John Gall, *"Systemantics: How Systems Work & Especially How They Fail,"* 1977.
Parker Lewis, *"Bitcoin is Not Too Slow,"* 2019.
Gigi, *"Implications of Outlawing Bitcoin,"* 2021.

CATALIZADORES

Ross Stevens, *"Stoneridge Shareholder Letter,"* 2020.

DILEMA DEL PRISIONERO

Parker Lewis, *"Bitcoin Cannot Be Banned,"* 2019.
Chris Kuiper and Jack Neureuter, *"Research Round-Up: 2021 Trends and Their Potential Future Impact,"* 2022.

PRUEBA SOCIAL

Luke Burgis, *"Wanting: The Power of Mimetic Desire in Everyday Life,"* 2021.

CÍRCULO DE COMPETENCIA

Justin Kruger & David Dunning, *"Unskilled and unaware of it: How difficulties in recognizing one's own incompetence lead to inflated self-assessments,"* 1999.

CICLO DE LA EMOCIÓN DE GARTNER

Matt Ridley, *"Amara's Law,"* 2017.

MINORÍA INTRANSIGENTE
Nassim Taleb, *"Skin in the Game: Hidden Asymmetries in Daily Life,"* 2018.

TEOREMA DE LA INEQUIVALENCIA
James Davidson ve William Rees-Mogg, *"The Sovereign Individual,"* 1997.
Nick Szabo, *"Schelling Out: The Origins of Money,"* 2002.

EFECTO LINDY
Willem Van Den Bergh, *"On Schelling points, network effects and Lindy: Inherent properties of communication,"* 2018.

EMERGENCIA
Saifedean Ammous, *"The Bitcoin Standard,"* 2018.
Tuur Demeester, *"The Bitcoin Reformation,"* 2019.

RIESGO MORAL
Parker Lewis, *"Bitcoin is a Rally Cry,"* 2020.
Nik Bhatia, *"Layered Money,"* 2021.

AGRADECIMIENTOS

Jeff Booth, Saifedean Ammous, Will Cole, Cristian Keroles, Giacomo Zucco, Vijay Boyapati, Cory Klippsten, Gigi, Parker Lewis, Preston Pysh, Stephan Livera, Tuur Demeester, Knut Svanholm, hodlonaut, Robert Breedlove, Brady Swenson, Wizard of Aus, y todos los chicos en Konsensus Publishing.

"Nunca cambias las cosas luchando contra la realidad existente. Para cambiar algo, construye un nuevo modelo que vuelva obsoleto el modelo existente."

"CŬČKN Í'NŠTĚŘ́GÜL'LĔŘ